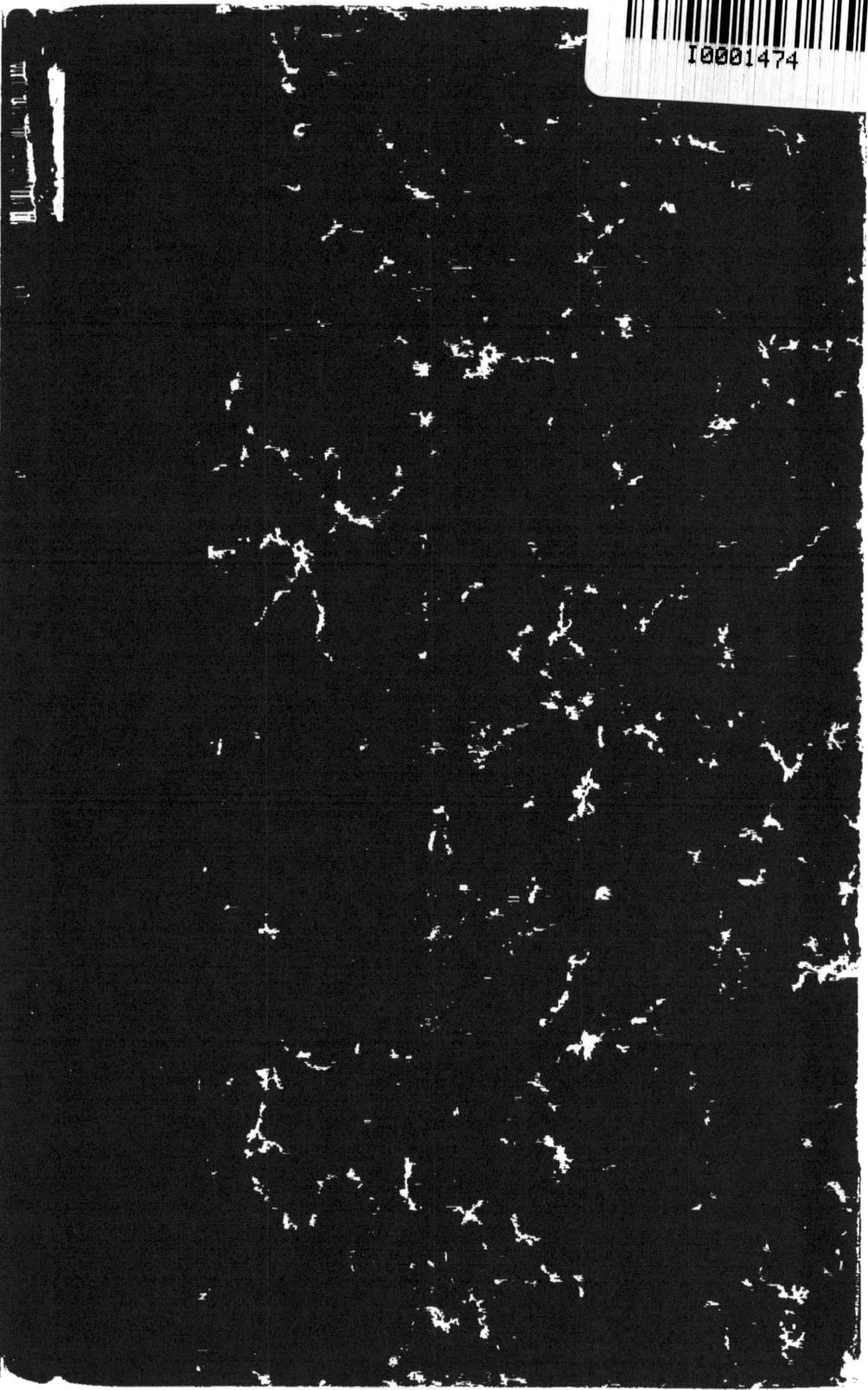

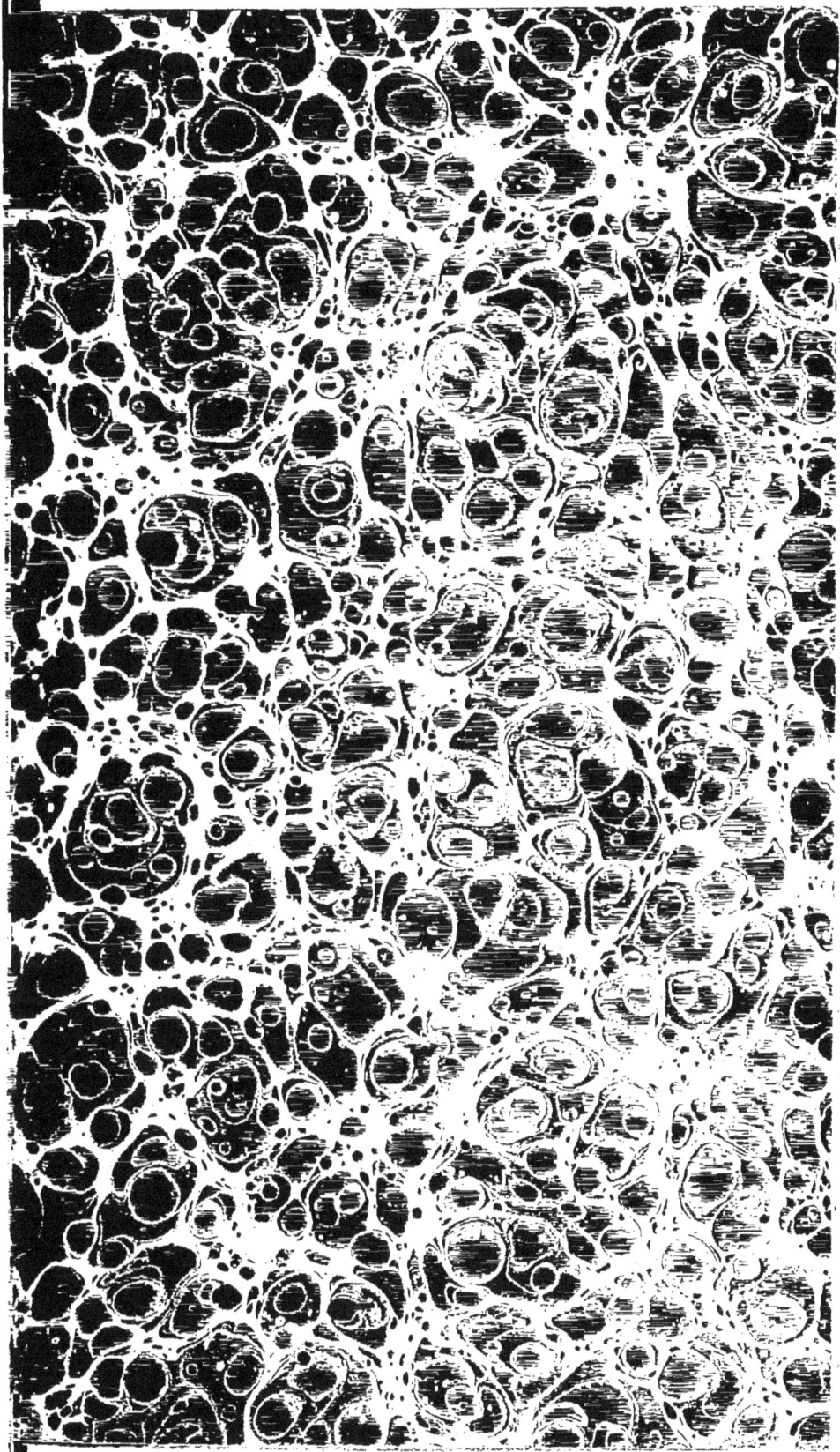

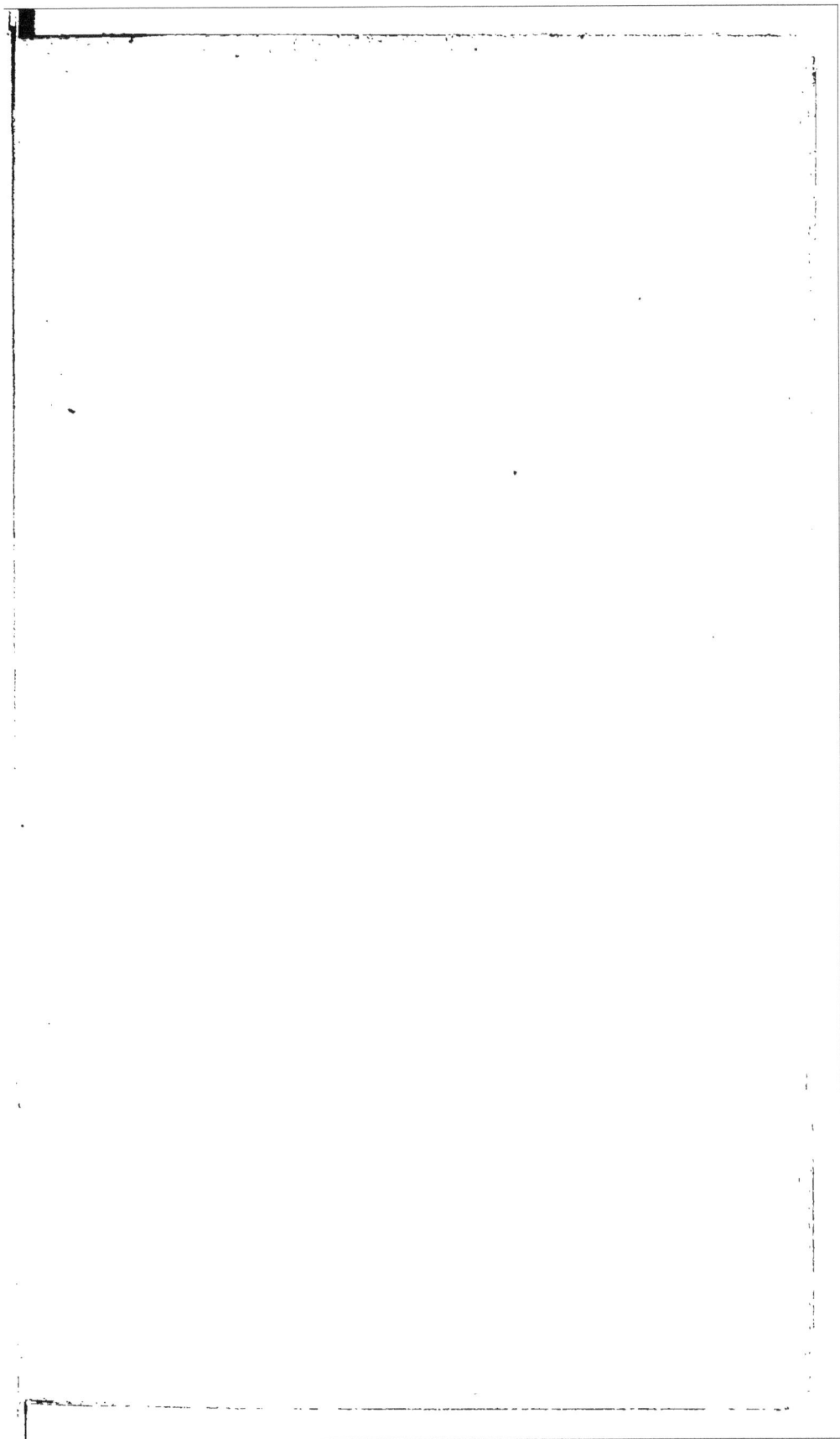

(C.)

DES

FONDS PUBLICS

FRANÇAIS ET ÉTRANGERS,

ET DES

OPÉRATIONS DE LA BOURSE

DE PARIS.

Cet Ouvrage se trouve aussi :

A Bordeaux , chez Mme. V^e. BERGERET. — GASSIOT, fils aîné.
Au Havre, ——CHAPELLE. — PATRY.
A Versailles, ——ANGÉ.
A Lyon, ——BOHAIRE. — TARGE.
A Marseille, ——CAMOIN. —MOSSY.
A Nantes, ——FOREST.
A Rouen, ——FRÈRE. — LEGRAND.
A Caen , ——LECRÊNE.
A Besançon , ——DEIS. — BINTOT.
A Metz , ——THIEL. — DEVILLY.

A l'Étranger,

A Amsterdam , chez VAN-CLEEF.
A Rotterdam, ——ARBON.
A Londres, ——TREUTTEL ET WURTZ.—DULAU..
A Cambridge , ——DEIGTON.
A New-Yorck , ——BÉRARD ET MONDON.
A Madrid , ——DENNÉ.
A Lisbonne , ——ORCEL. — REY.
A St.-Pétersbourg, ——VEYHER. — GRAEFF.
A Wilna , ——ZAWADSKY.
A Vienne, ——SCHOMBURG.
A Varsovie , ——GLUSCKBERG.
A Leipsick , ——MICHELSEN.
A Genève, ——BARBEZAT.
A Berlin , ——SCHLESINGER.
A Milan , ——DUMOLARD.
A Turin , ——BOCCA. — PIC.
A Gênes, ——YVES-GRAVIER.
A Naples, ——HORTOLAN.

Imprimerie de Pihan Delaforest (Morinval),
Paris, 34 , rue des Bons-Enfans.

DES
FONDS PUBLICS
FRANÇAIS ET ÉTRANGERS,

ET DES

OPÉRATIONS DE LA BOURSE
DE PARIS,

RECUEIL contenant : 1°. des détails sur les Rentes 3 pour %,
4 pour %, 4 1/2 pour % et 5 pour % consolidés, la Caisse d'Amortissement, les Bons royaux, les Actions de la Banque, les Rentes de la ville de
Paris, les Actions des Ponts, les Actions du Canal Monsieur, du Canal du
Duc d'Angoulême, du Canal des Ardennes, du Canal de Bourgogne, du
Canal d'Arles à Bouc, les Actions des quatre Canaux, de la Navigation de
l'Oise, les Actions des diverses Compagnies d'Assurances, des Salines et
Mines de sel de l'Est, les Actions des Chemins de Fer, des Sociétés, Entreprises Financières et Industrielles, etc., etc.; les Règles pour calculer
ces mêmes Fonds et évaluer l'intérêt que rapporte chacun d'eux.

2°. Des Notions exactes sur les Rentes de Naples, les Fonds Espagnols, les Métalliques d'Autriche, l'Emprunt d'Haïti, et autres Fonds étrangers, etc., etc.;
les règles pour calculer ces mêmes Fonds et évaluer l'intérêt que rapporte
chacun d'eux.

3°. Les diverses manières de spéculer soit à la hausse soit à la baisse, les
Opérations à primes, les Opérations d'arbitrages sur effets publics, les Reports et leur utilité pour la spéculation, les Escomptes, les Prêts ou Emprunts sur dépôts d'effets publics, etc.

SIXIÈME ÉDITION,
TOTALEMENT REFONDUE,

BEAUCOUP AUGMENTÉE ET RÉDIGÉE CONFORMÉMENT AUX AFFAIRES
ACTUELLES DE LA BOURSE.

Par Jacques BRESSON,

Auteur de l'Histoire Financière de la France.

PARIS.

BACHELIER, SUCCESSEUR DE Mme. Ve. COURCIER,

LIBRAIRE POUR LES SCIENCES,

QUAI DES AUGUSTINS, N°. 55.

1830.

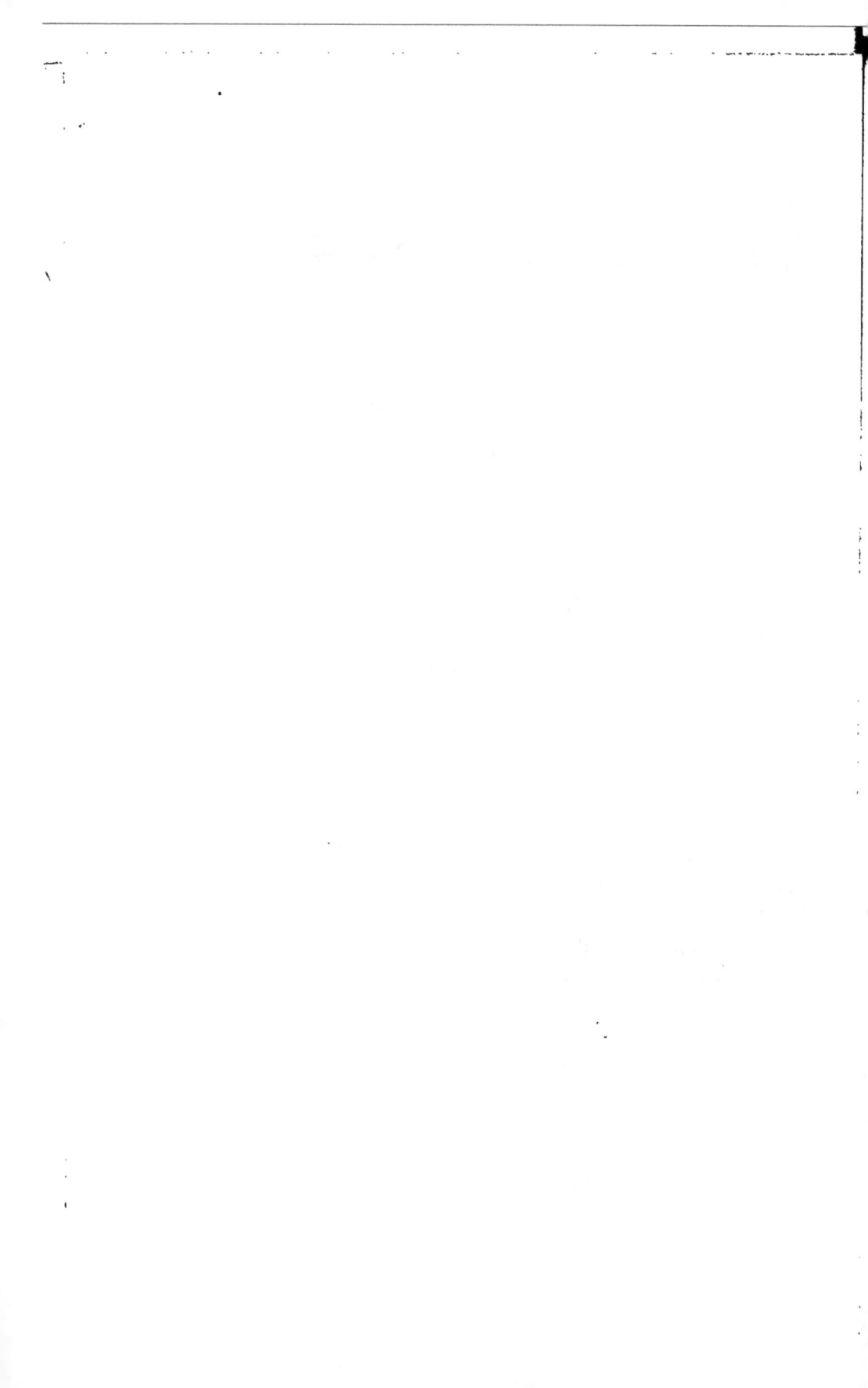

PRÉFACE.

Cinq *éditions épuisées* du Livre des *Fonds Publics*, ont fourni plus de douze mille exemplaires, répandus dans toute l'Europe. Cette faveur du public, en augmentant notre zèle, nous a engagé à redoubler d'efforts pour rendre cette nouvelle édition plus digne de lui être offerte. Notre but principal, en rédigeant cet Ouvrage, est de faire connaître les Fonds Français chez toutes les Nations civilisées, et de faire naître le désir d'en acquérir pour placement de capitaux, persuadé qu'en propageant les principes de Finances sur lesquels notre Dette publique est fondée, c'est contribuer puissamment à la hausse de la Rente et à la prospérité du Royaume.

La *sixième édition* que nous publions renferme des améliorations et des additions notables ; elle est divisée en trois parties distinctes, savoir :

Ire. *Partie*, Des Fonds Publics Français ;

IIe. *Partie*, Des Fonds Publics Étrangers ;

IIIe. *Partie*, Des Opérations de la Bourse de Paris.

En France, le développement de l'industrie a donné naissance à la construction d'une multitude de Canaux, Chemins de Fer, Sociétés d'Assurances et Entreprises Financières et Industrielles qui n'ont pu être établies que par la voie des emprunts ; de-là est résulté, pour notre Ouvrage, une quantité de nouveaux chapitres consacrés à la nouvelle organisation des actions du canal du Duc d'Angoulême, du canal des Ardennes, de la Société Anonyme pour la reconstitution du capital des actions du canal de Bourgogne et du canal d'Arles à Bouc ; les certificats de dépôt des actions du canal de Bourgogne ; les actions de l'emprunt de la navigation de l'Oise ;

les actions des Compagnies d'Assurances de l'Union, du Soleil; les
actions des Salines et Mines de sel de
l'Est; les actions de la Compagnie
Anonyme des Mines, Forges et Fonderies du Creuzot, etc., etc.

Le nombre des Fonds Étrangers en
circulation sur la place de Paris, s'est
tellement accru depuis quelque temps,
que les instructions et les renseignemens sur ces effets publics sont deve-
nus indispensables pour fixer l'opinion.
Nous avons donné des notions exactes
sur les rentes de Naples, les *grandes*
et les *petites* obligations de Sicile, les
obligations royales d'Espagne de 1823,
les rentes perpétuelles d'Espagne, les
obligations métalliques d'Autriche,

l'emprunt d'Haïti de 1825, les obligations partielles de Bade, etc., etc.

La partie consacrée aux opérations
de la Bourse de Paris a été refaite en
entier ; toutes les spéculations ont été
établies sur les cours actuels, en prenant
pour base des calculs la rente trois
pour cent ; nous y avons ajouté plusieurs chapitres importans qui donnent de nouveaux développemens aux
opérations d'arbitrages sur effets publics, et aux opérations de primes,
contre primes, etc., etc.

Pour ne laisser aucun doute sur
l'authenticité de tout ce qui est con-
tenu dans cet Ouvrage, nous avons
indiqué, par des renvois au bas de
chaque page, les Lois, Ordonnances,

Arrêtés , Règlemens, Circulaires, Décisions ministérielles et autres documens qui ont servi à composer ce Livre, que l'on peut consulter avec toute sécurité, attendu qu'il est rédigé sur des pièces émanées du Gouvernement.

DES FONDS PUBLICS

FRANÇAIS ET ÉTRANGERS,

ET DES OPÉRATIONS DE LA BOURSE

DE PARIS.

PREMIÈRE PARTIE.

CINQ POUR CENT CONSOLIDÉS.

Par *cinq pour cent consolidés*, l'on entend un intérêt de cinq pour cent que le Gouvernement paie pour un capital susceptible d'être remboursé, et provenant d'emprunts faits à différentes époques (1).

---

(1) Ces rentes étaient autrefois nommées *tiers-consolidé*, parce que, d'après la loi du 29 vendémiaire an VI, la Dette publique alors existante fut réduite des deux tiers.

Au 1er. janvier 1829, le nombre des
rentes cinq pour cent consolidés inscrites sur
le Grand-Livre s'élevait à 165,217,546 fr.;
il y avait à déduire 1,330,818 fr. pour la partie des rentes inscrites au nom de la Chambre
des Pairs, et annulées à partir du 22 septembre 1829 (1), ce qui présente une somme
de 163,886,728 fr. pour les rentes cinq pour
cent inscrites (2).

Les rentes sur l'État sont considérées
comme meubles (3) ; les inscriptions au
Grand-Livre de la dette publique sont insai-
sissables, c'est-à-dire, qu'aucun particulier
ne peut, pour quelque cause que ce soit,
mettre opposition à la vente d'une inscription
ni au paiement de ses arrérages (4); le Gouvernement seul s'en est réservé le droit contre

---

(1) Art. 8 de la loi du 28 mai 1829.
(2) Budget général des dépenses et services pour
l'exercice 1830.
(3) Code civil, art. 529.
(4) Loi du 8 nivôse an VI.

ses comptables. Or, comme cette disposition établit en faveur de la rente sur l'État un privilége qui la met hors du droit commun, il est ordonné (1) aux fonctionnaires chargés de l'administration de la Dette publique, de veiller scrupuleusement à ce qu'il n'y soit jamais porté atteinte (2).

Sur le cours de la Bourse, pour coter les cinq pour cent consolidés, on a pris pour base le prix de 5 fr. de rente; ainsi, lorsque

---

(1) Le Ministre des finances , par une décision du 9 août 1816, a rejeté un certificat de propriété délivré par le greffier en chef du tribunal du département de la Seine, d'après un jugement qui avait attribué à un créancier la propriété des rentes appartenant à son débiteur. Ce jugement était évidemment contraire aux principes consacrés tant par la loi précitée du 8 nivôse an VI, que par deux avis du Conseil-d'État du 17 thermidor et du 27 fructidor an XIII.

(2) Instructions ministérielles relatives à l'exécution de la loi du 14 avril 1819, et à l'ordonnance du même jour. Tit. III, art. 27 et 28.

le cours porte 106 fr. 10 c., ou 106 fr. 80 c.
ou 107 fr., cela signifie que 5 fr. de rente
coûtent 106 fr. 10 c., ou 106 fr. 80 c. ou
107 fr.

TROIS POUR CENT.

Les propriétaires d'inscriptions de rentes
cinq pour cent consolidés sur l'État, ont eu
durant trois mois, en 1825, la faculté d'en
requérir, du Ministre des finances, la conversion en inscriptions de rentes *trois pour
cent*, au taux de *soixante-quinze francs* (1);
à la même époque, on autorisa la création
de 30,000,000 de rentes trois pour cent au
capital d'un milliard, pour indemniser les
Français dont les biens-fonds situés en
France, ou qui faisaient partie du territoire
de la France au premier janvier 1792, ont
été confisqués et aliénés, en exécution des

_____

(1) 30,574,116 fr. de rentes cinq pour cent furent converties, et donnèrent 24,459,035 fr. pour
le montant des rentes trois pour cent résultant de
conversions.

lois sur les émigrés, les déportés et les con-
damnés révolutionnairement; ces 30,000,000
de rentes trois pour cent ont été inscrits successivement au Grand-Livre par cinquième,
d'année en année, de 1825 à 1829.

Au premier janvier 1829, le nombre des
rentes trois pour cent inscrites sur le Grand-
Livre s'élevait à 36,727,100 fr., et le nombre
à inscrire ultérieurement montait à 6,000,000
fr. (1); ce qui présente un total de 42,727,100
fr. pour les rentes inscrites et à inscrire (2).

Certificats au porteur, de 120 francs de
rente trois pour cent.

Ces certificats au porteur de 120 francs
de rente trois pour cent, au capital nominal de 4,000 francs, sont délivrés par MM. de
Rothschild frères, banquiers à Paris, au
moyen de l'autorisation accordée par le Mi-

---

(1) Pour le dernier cinquième de l'indemnité.
(2) Budget général des dépenses et services pour
l'exercice 1830.

nistre des finances (1), dans le but de faciliter aux acquéreurs de rentes françaises trois pour cent, la perception des intérêts et de les mettre à même de disposer du capital avec plus de promptitude et d'économie que par le mode des transferts.

Les coupons d'intérêts peuvent être détachés à leur échéance et sont payables à Paris, chez MM. de Rothschild frères; à Londres, chez M. N.-M. Rothschild; à Amsterdam, en argent des Pays-Bas, chez MM. Braunsberg et compagnie, et chez MM. M.-A. Rothschild et fils, Francfort-sur-le-Mein.

Pour garantie de l'émission des certificats au porteur de 120 francs de rente trois pour cent, le Directeur de la Dette inscrite signe sur chacun d'eux l'attestation que l'extrait

---

(1) Décisions ministérielles des 14 octobre 1816 et 26 mai 1819. — Autorisation de S. Exc. le Ministre secrétaire-d'État des finances, en date du 24 mai 1825.

d'inscription correspondant au certificat est
porté au Grand-Livre de trois pour cent, au
nom de MM. de Rothschild frères, et dé-
posé à la Caisse du Trésor royal, pour assurer les droits du porteur du certificat, qui
peut être mis en possession de l'inscription
sur le Grand-Livre, à sa première réquisi-
tion, sur sa simple demande, aux noms par
lui indiqués, avec jouissance du semestre
courant à la date de la demande, en rapportant au Trésor royal le certificat de
rente accompagné des coupons d'intérêt non
échus, sans qu'il ait besoin d'avoir recours à
MM. de Rothschild frères.

Ces certificats de rente sont libellés en
langues française, anglaise et hollandaise.

QUATRE ET DEMI POUR CENT.

La loi de 1825, qui permettait de convertir la rente cinq pour cent consolidés en
rente trois pour cent à 75 fr., donna aussi
la faculté de convertir la rente cinq pour
cent consolidés en rente quatre et demi pour

cent *au pair*, avec garantie contre le remboursement jusqu'au 22 septembre 1835 : telle est l'origine du quatre et demi dont il n'y a que 1,029,237 fr. de rentes inscrites au Grand-Livre.

QUATRE POUR CENT.

La loi du 19 juin 1828 avait affecté aux dépenses extraordinaires autorisées pendant la même année par des ordonnances royales un crédit de 80,000,000 capital, et faculté fut donnée au Ministre des finances de faire inscrire sur le Grand-Livre jusqu'à concurrence de 4,000,000 de rentes, et de les vendre avec concurrence et publicité; en considération de cette création de rentes, le fonds annuel d'amortissement se trouve augmenté 1°. de 800,000 fr., 2°. de toute la portion que le résultat de la négociation rendrait disponible sur les 4 millions.

L'adjudication de cet emprunt a eu lieu le 12 janvier 1830; quatre soumissions furent présentées; celle de MM. de Rothschild frères, fixée à 102 fr. 07 1/2 cent. pour 4 fr. de rente, s'étant trouvée la plus élevée, l'emprunt a été adjugé à MM. de Rothschild frères. Le taux de l'adjudication a déterminé la création de 3,134,950 fr. de rentes quatre pour cent, dont les intérêts se paient par semestre au 22 mars et au 22 septembre de chaque année (1).

---

(1) Le paiement des 80,000,000 fr., produit de la négociation des rentes quatre pour cent, se fait par huitième, de mois en mois, à partir du 10 février 1830 jusqu'au 10 septembre suivant. En échange du paiement du premier *huitième* par la Compagnie adjudicataire, il a été délivré par le Trésor royal des certificats de négociation de 3,134,950 fr. de rentes quatre pour cent, par coupure de 4,000, 2,000, 1,000 et 80 fr. de rente. Après l'acquittement du premier terme, et à compte du second terme, le propriétaire de chacun de ces certificats peut, au moyen des coupons qui s'y trouvent annexés, et à mesure de leur acquittement, réclamer l'inscription immédiate et partielle afférente à chacun desdits termes; le premier terme restant en réserve pour la garantie du

Caisse d'amortissement.

La Caisse d'amortissement, recréée et organisée d'après la loi du 22 avril 1816, a pour but l'extinction des rentes inscrites au Grand-Livre de la Dette publique; quarante millions lui sont payés à cet effet chaque année par le Trésor, outre le produit de la vente de 150,000 hectares de bois qu'elle a été autorisée à effectuer (1). Un fonds spécial lui a aussi été alloué pour la rente quatre pour cent (voyez page 18).

La Caisse d'amortissement avait acheté au 31 décembre 1829 : 1°. antérieurement

---

Trésor royal, jusqu'au paiement du solde définitif. (*Arrêté du Ministre des finances,* du 6 décembre 1829.)

(1) Loi du 25 mars 1817.—Ordonnance du Roi, du 10 décembre 1817.—D'après les états parvenus à la Caisse au 31 décembre 1829, il avait été vendu 121,957 hectares 33 ares 25 centiares de bois, qui ont été adjugés pour la somme de 82,794,735 fr. 12 cent.

au 22 juin 1825, rentes non transférables
dont la Caisse perçoit les arrérages ,

37,070,107 fr. de rentes 5 pour cent,

433,097   de rentes 3 pour cent;

         2°. Postérieurement au
21 juin 1825, rentes an-
nulées conformément à
l'art. 2 de la loi du 1er.
mai 1825 ,

14,665,078   de rentes 3 pour cent ,

5,527   de rentes 4 1/2 pour cent;

52,173,809   de rentes 3, 4 1/2 et 5
pour cent (1) qui ont
coûté 956,079,434 fr.
88 c.

Les rentes acquises par la Caisse d'amortissement , depuis son établissement jus-

----

(1) Compte de la situation de la Caisse d'amortissement au 31 décembre 1829, rendu par le Directeur-général à la Commission de surveillance de
ces Établissemens , en vertu de l'art. 112 de la loi
du 28 avril 1816.

qu'au 22 juin 1825, ne pourront être annulées ni distraites de leur affectation au rachat de la Dette publique, avant le 22 juin 1830.

Les rentes acquises par la Caisse d'amortissement, à dater du 22 juin 1825 jusqu'au 22 juin 1830, seront rayées du Grand-Livre de la Dette publique au fur et à mesure de leur rachat, et annulées au profit de l'État; ainsi que les coupons d'intérêts qui y sont attachés au moment où elles sont acquises.

Les sommes affectées à l'amortissement ne peuvent pas être employées au rachat des fonds publics dont le cours est supérieur au pair (1).

Les rachats que fait la Caisse d'amortissement ont lieu avec concurrence et publicité; on affiche sur un tableau, dans la grande salle de la Bourse, la somme que la Caisse d'amortissement doit employer

_____

(1) Loi du 1er. mai 1825.

chaque jour en rachats de rentes soit à quatre et demi pour cent, ou à trois pour cent, à défaut de rentes cinq pour cent au pair, ou au-dessous du pair.

Dans l'intérêt du crédit public comme dans celui des spéculations particulières, il importe de prévenir, sur une scène aussi mobile que la Bourse de Paris, ces oscillations violentes, et, dans le cours des effets publics, ces brusques écarts qui seraient iné-vitables si, recevant en trois ou quatre termes les fonds qui lui sont destinés, l'Amortissement se pressait d'effectuer en peu de jours tous les achats d'une année.

On sait de quels commentaires de telles fluctuations pourraient être le prétexte au dedans et au dehors. Tout Gouvernement qui profite de l'avantage de racheter sa dette au cours du marché public, doit surtout éviter le reproche d'avoir troublé l'ordre naturel de ce cours, ou le soupçon de vouloir se rendre l'arbitre des variations connues sous les noms de *hausse* et de *baisse*; et, dans leurs devoirs relatifs, le Trésor royal et l'Amortissement ont été fidèles à ce principe.

La dotation de l'Amortissement est répartie et rendue disponible par fractions à peu près égales, pour chaque jour ouvert au marché public de la Bourse ; et le même mode de répartition est suivi pour le paiement des rentes dont l'Amortissement est devenu propriétaire.

Le Directeur-général fait immédiatement emploi, en achats de rentes, de chacun des versemens journaliers que la Caisse d'amortissement reçoit du Trésor royal ; et il est même parvenu à soumettre à un système de division semblable, le produit des ventes des forêts qui doivent suivre la même destination, mais dont la rentrée est plus éventuelle et plus inégale.

C'est ainsi que, sauf quelques exceptions rares, l'Amortissement intervient chaque jour, uniforme et indépendant dans son action sur la place, offrant quotidienne-

ment les mêmes chances de remboursement aux propriétaires de rentes réelles
qui veulent rentrer dans leurs capitaux,
toujours placé au centre des opérations
régulières, sans chercher à leur donner
d'autre impulsion que celle du bon exemple,
étant étranger à toute combinaison aléa-
toire (1).

Grand-Livre.

Sous le nom de *Grand-Livre*, on comprend les registres sur lesquels sont inscrits
les propriétaires des rentes sur l'État.

Chaque rentier a un compte ouvert au
Grand-Livre pour chaque inscription qu'il
possède; car, pour prévenir les erreurs dans
le cas où il y aurait similitude de noms et
prénoms, on ouvre autant de comptes qu'il

---

(1) Rapports faits aux deux Chambres par la
Commission de surveillance de la Caisse d'amortissement, à chaque session de 1819 à 1830.

y a d'inscriptions, quoique bien des inscriptions aient les mêmes noms et prénoms.

Le rentier est crédité à son compte du
montant de son inscription, et quand il la
vend. il en est débité par le crédit du compte
de l'acheteur.

Le Grand-Livre est divisé en séries qui
comprennent les comptes ouverts de cl aque
nom propre d'après leur lettre initiale; une
série est destinée à ceux qui ont des comptes
courans, tels que les établissemens publics,
les agens-de-change, les banquiers, les
capitalistes, etc.

Pour avoir un compte courant au Grand-
Livre, il suffit d'en faire la demande, qui
est prise en considération quand on est propriétaire d'une forte quantité de rentes.

Chaque série a une suite illimitée de numéros qui est subordonnée au nombre des
inscriptions qui lui appartiennent.

Toute inscription porte les nom et prénoms du propriétaire, la somme de rentes
qui lui est due, le numéro de la série dont

elle fait partie, la jouissance (1), le numéro du transfert et celui du journal.

Le *minimum* des rentes inscriptible au Grand-Livre de la Dette publique, et susceptible d'être transféré, est fixé à dix francs de rente (2).

Transferts et Mutations.

Le transfert des rentes représentées par les inscriptions au Grand-Livre de la Dette publique, s'opère au Trésor par une déclaration de l'agent-de-change, négociateur de la vente, tant pour l'indication et quotité des inscriptions dont les extraits sont rapportés, que pour l'exactitude des noms et prénoms des acquéreurs, et la quotité des portions de rentes à attribuer à chacun d'eux (3). Cette déclaration est transcrite sur

---

(1) Le mot *jouissance* est employé ici pour semestre, et signifie la même chose.

(2) Loi du 17 août 1822, art. 24.

(3) Arrêté du Ministre des finances, du 26 février 1821.

des registres tenus à cet effet, et destinés à recevoir la signature du propriétaire de la rente, ou d'un fondé de procuration spéciale, assisté de l'agent-de-change qui a rédigé la déclaration pour certifier l'identité du propriétaire vendeur, la vérité de sa signature, et celle des pièces produites. L'agent-de-change est, par le seul effet de sa certification, responsable de la validité du transfert; cette garantie ne peut avoir lieu que pendant cinq années, à partir de la déclaration du transfert (1).

Lorsque le propriétaire de la rente n'est point à Paris, pour signer la déclaration du transfert, il faut qu'il donne procuration pardevant notaire à un individu résidant en ladite ville, laquelle procuration doit contenir pouvoir de vendre, transférer et toucher le montant de la rente vendue.

Le Trésor n'admet aucune procuration de l'étranger, qu'elle ne soit préalablement

_____

(1) Art. 15 de l'arrêté du 27 prairial an X.

déposée chez un notaire de Paris; les procurations des départemens qui sont en brevet
sont soumises à la même formalité; néanmoins les transferts d'inscriptions au-dessous de 5o fr. de rente peuvent s'opérer sur la
production de procuration en brevet ou sous
signature privée, dûment certifiées ou léga-
lisées et soumises, quant à l'enregistrement,
au *minimum* du droit déterminé par la loi,
mais non assujéties à la formalité du dépôt (1).

En cas de mutation autre que les ventes,
le nouvel extrait d'inscription est délivré à
l'ayant-droit sur le simple rapport de l'extrait d'inscription et d'un certificat de propriété ou acte de notoriété, contenant ses
nom, prénoms et domicile, la qualité en laquelle il procède et possède, l'indication de
sa portion dans la rente, et l'époque de sa
jouissance.

Le certificat ainsi rapporté après avoir été
dûment légalisé et enregistré, est délivré

_____

(1) Ordonnance du Roi, du 5 mars 1823.

par le notaire détenteur de la minute, lorsqu'il y a eu inventaire, partage, donation entre-vifs ou testament.

Il doit l'être par le juge de paix du domicile du titulaire décédé, sur l'attestation de deux témoins, lorsqu'il n'existe aucun acte en forme authentique établissant les droits des nouveaux propriétaires.

Et enfin par le greffier du tribunal, lorsque, par suite de contestations judiciaires, les droits des nouveaux propriétaires sont établis par jugement.

Lorsque les testamens, inventaires, partages ou autres actes établissant les droits des légataires ou héritiers, sont passés en pays étrangers, le certificat de propriété doit être délivré par les magistrats autorisés par la loi du pays, et légalisé par les autorités compétentes et par l'ambassadeur ou le consul français résidant audit lieu ; la signature de ce dernier doit être certifié à Paris, au Ministère des affaires étrangères ; enfin les pièces doivent être timbrées à l'extraordinaire, et déposées chez un notaire de Paris, qui en délivre une expédition pour effectuer, la mutation au Trésor royal.

Il n'y a aux fins de semestre, aucune suspension dans les écritures tenues au Trésor royal, pour l'exécution du transfert des rentes ; les négociations à la Bourse de Paris pour la rente cinq pour cent, avec jouissance du semestre courant, sont fermées les 6 mars et 6 septembre de chaque année ; celles du lendemain 7, sont faites avec jouissance du semestre suivant ; les négociations pour la rente trois pour cent, avec jouissance du semestre courant, sont fermées les 6 juin et 6 décembre de chaque année ; celles du lendemain 7, sont faites avec jouissance du semestre suivant (1).

Paiement des Arrérages.

Les arrérages des rentes sur l'État se paient chaque semestre, savoir :

---

(1) Ordonnance du Roi, du 30 janvier 1822.

La rente cinq pour cent aux 22 mars et 22 septembre de chaque année;

La rente trois pour cent aux 22 juin et 22 décembre de chaque année;

La rente quatre et demi pour cent aux 22 mars et 22 septembre de chaque année;

La rente quatre pour cent aux 22 mars et 22 septembre de chaque année.

Ces arrérages sont payés au porteur de l'extrait d'inscription au Grand-Livre, sur la présentation qu'il en fait; chaque paiement est indiqué au dos de l'extrait d'inscription par l'application qui y est faite d'un timbre énonçant le semestre pour lequel le paiement a eu lieu, et dont le porteur est obligé de donner quittance (1).

Les arrérages de la dette publique sont payables dans les départemens comme à Paris, jusqu'à l'expiration du délai de cinq

_____

(1) Loi du 22 floréal an VII. — Ordonnance du Roi, du 13 octobre 1819.

ans (1); le porteur d'inscription n'a qu'à dé-
clarer au receveur-général du département
où il se trouve, qu'il souhaite en toucher le semestre dans la ville où il réside, le receveur-
général en réfère au directeur du Grand-
Livre, et, sur l'avis de ce dernier, le paiement en est effectué.

Les propriétaires de rentes qui, ne pouvant recevoir par eux-mêmes les arrérages
échus, ne jugent pas à propos de confier
leurs inscriptions à des tiers, sont libres d'y
suppléer par des procurations passées pardevant notaires.

Ces procurations peuvent être sans dési-
gnation spéciale de numéros et de sommes,
pour toutes les inscriptions possédées par les
propriétaires au moment du mandat, et
même pour celles qu'ils pourraient acquérir
par la suite, afin d'épargner à ceux qui font
de nouveaux placemens en rentes, les frais

(1) Terme fixé par l'art. 156 de la loi du 24 août
1793, pour la prescription desdits arrérages.

qu'entraînerait l'obligation de donner de nouveaux pouvoirs pour toucher les arrérages des nouvelles inscriptions (1). Ces procurations doivent aussi être déposées chez un notaire de Paris qui en donne une expédition au fondé de pouvoirs en faisant mention qu'il a signé avec les notaires, et, sur la présentation faite au directeur du Grand-Livre de cette expédition, il est délivré au fondé de pouvoirs deux extraits conformes à l'inscription originale ou à chaque inscription originale, s'il y en a plusieurs. L'un de ces extraits doit être joint à la première quittance de paiement, et l'autre demeure au fondé de pouvoirs, pour être par lui présenté au lieu des inscriptions à chaque semestre. Ce dernier extrait reçoit l'empreinte du paiement dont nous avons parlé ci-dessus.

Ces procurations sont valables pendant

_____

(1) Ordonnance du Roi, des 1er. mai 1816 et 9 janvier 1818.

dix ans, sauf révocation ; et si , dans l'intervalle, le titulaire se présente pour recevoir un semestre, sa quittance est inter-
prêtée comme la révocation des pouvoirs
qu'il a précédemment donnés; mais il faut
que sa signature soit légalisée par un notaire ou un agent-de-change.

Les fondés de pouvoirs qui , ayant
connaissance du décès de leurs commet-
tans, auront néanmoins reçu des arrérages
postérieurement au décès, sans avoir fait
opérer la mutation , seront, à la diligence
de l'agent judiciaire du Trésor, poursuivis
conformément aux lois.

Les arrérages des inscriptions de rentes
immobilières affectées à la dotation des
majorats, sont soumis à une retenue annuelle d'un dixième , qui est successivement, chaque année, employée en acqui-
sition de nouvelles rentes au profit du titulaire du majorat et des appelés après lui (1).

---

(1) Art. 6 du décret du 1er. mars 1808.—Décret
du 4 juin 1809.

Des affiches hebdomadaires placées au Trésor, indiquent les jours de paiemens des semestres d'après le numéro de la série, celui de l'inscription, et enfin celui des divers bureaux de paiement, auxquels les porteurs de titres doivent se présenter.

Inscriptions départementales.

Il est ouvert au Grand-Livre des cinq pour cent consolidés, au nom de la recette générale de chaque département, celui de la Seine excepté, un compte collectif qui comprend, sur la demande des rentiers, les inscriptions individuelles dont ils sont propriétaires. Il est délivré à chaque rentier inscrit sur ce livre auxiliaire, une inscription départementale détachée d'un registre à souche et à talon ; cette inscription est signée du receveur-général, visée et contrôlée par le préfet.

Ces titres équivalent aux inscriptions délivrées par le directeur du Grand-Livre; ils sont transférables dans les départemens, comme les inscriptions le sont à Paris (1).

La conversion d'une inscription départe-
tementale en une inscription au Grand-
Livre, s'effectue après confrontation au talon, au nom du propriétaire désigné dans
ladite inscription départementale, sur la
seule demande du porteur.

L'échange d'une inscription départementale contre un titre semblable dans un autre
département, s'effectue de la manière suivante : l'inscription départementale à échanger doit être présentée au receveur-général signataire, qui l'annule et délivre au
titulaire une lettre d'avis adressée au receveur-général du département où la rente
doit être transportée ; l'inscription départementale est envoyée au Ministre des finances, pour qu'il fasse augmenter d'une
somme égale l'inscription de la recette générale où doit passer la nouvelle inscription départementale, et diminuer de la

(1) Loi du 15 avril 1819.

même somme l'inscription du département d'où la rente a été extraite. L'inscription nouvelle a lieu après le certificat donné par le directeur du Grand-Livre sur la production de la lettre d'avis du receveur-général qui a annulé la première inscription départementale.

Chaque receveur-général est chargé d'office , à la volonté des particuliers, d'opérer pour leur compte et sans frais, sauf ceux de courtage justifiés par bordereaux d'agens-de-change , toutes les ventes et achats de rentes qu'ils jugeront à propos de leur confier (1).

Compensation des Arrérages de rentes avec les contributions directes.

Tout propriétaire d'inscription directe ou d'inscription départementale , est libre d'en compenser les arrérages, soit avec ses contributions directes, soit avec celles d'un

---

(1) Ordonnance du Roi, du 14 avril 1819.

tiers à ce consentant ; la seule formalité à remplir, consiste à en faire la déclaration au receveur-général, qui se charge de la recette desdits arrérages et de l'application de leur montant au paiement de ces contributions, dans quelque lieu qu'elles doivent être acquittées (1).

Ces compensations s'opèrent par l'abandon des semestres de rentes échéant dans la même année, et sans qu'il y ait lieu à décompte pour les différences d'échéances entre les rentes et les termes exigibles des contributions. La compensation s'effectue par l'échange de la quittance des rentes contre la décharge équivalente du receveur-général. Le titre dont la rente a été assignée au paiement des contributions, est timbré des semestres employés à ce paiement.

Les déclarations à fin de compensation durent jusqu'à révocation expresse. Elles

(1) Loi du 14 avril 1819.

cessent néanmoins d'avoir leur effet, à défaut, par le rentier, de remettre au receveur-général sa quittance avant l'échéance
du premier terme de sa contribution annuelle. Si la rente est plus forte que la
contribution à payer, il est remis pour le
surplus, par le receveur-général, des bons
payables aux échéances des arrérages compensés ; si c'est la contribution qui excède,
le rentier doit acquitter cet excédant.

Le receveur-général est tenu de se char-
ger de tous les détails nécessaires pour
consommer la libération du contribuable,
en adressant, soit aux directeurs des contributions, soit aux receveurs particuliers
ou aux percepteurs, les renseignemens nécessaires pour que la compensation soit an-
notée sur les rôles, et le paiement émar-
gé, de manière qu'il ne puisse être exercé
aucune action contre le contribuable. Le
receveur-général se charge encore des
mêmes opérations pour les départemens
autres que le sien, et son intervention a,

pour le contribuable, le même effet que dans son département. Les compensations pour les rentiers domiciliés dans le département de la Seine doivent se faire au Trésor royal.

La compensation n'empêche pas la libre disponibilité des rentes ; les propriétaires ont la faculté de les vendre, aux époques qui leur conviendront, sous la déduction des arrérages compensés (1).

Formalités à remplir quand on perd une Inscription.

Les rentiers qui, par vol, incendie ou tout autre accident, auraient perdu leurs extraits d'inscriptions, en feront la déclaration devant le maire de la commune de leur domicile. Cette déclaration, faite en présence de deux témoins qui constateront l'individualité du déclarant, est assujétie au droit fixe d'enregistrement d'un franc ;

---

(1) Ordonnance du Roi, du 14 avril 1819.

(42)

ladite déclaration doit être rapportée au Trésor public. Après en avoir fait constater la régularité, le Ministre des finances autorisera le directeur du Grand-Livre à débiter le compte de l'inscription perdue, et à la porter à compte nouveau par un transfert de forme; il est remis au réclamant un extrait original de ce nouveau compte.

Ce transfert de forme ne peut avoir lieu que dans le semestre qui suit celui pendant lequel la demande d'un nouvel extrait d'inscription a été adressée au Ministre des finances (1).

Règle pour calculer le montant d'une quantité quelconque de rente cinq pour cent d'après le prix porté sur le cours de la Bourse.

Dites : cinq francs de rente est au prix porté sur le cours de la Bourse, comme la

_____

(1) Décret du 3 messidor an XII.

quantité de rente donnée est au capital cherché.

EXEMPLE.

Soit $\begin{cases} 5{,}125 \text{ f. la quantité de rente cinq pour cent,} \\ 107 \text{ f. } 05 \text{ c. le prix,} \end{cases}$

On aura la proportion suivante :

$$5:107.05::5125:x = \frac{5125 \times 107.05}{5} = \frac{5631.25}{5}$$
$$= 109{,}726 \text{ fr. } 25 \text{ c. résultat.}$$

D'où l'on peut déduire cette règle générale : multipliez la quantité de rente par le prix porté sur le cours de la Bourse, et divisez le produit par 5.

Règle pour calculer le montant d'une quantité quelconque de rente trois pour cent d'après le prix porté sur le cours de la Bourse.

Dites : trois francs de rente est au prix porté sur le cours de la Bourse, comme la

quantité de rente donnée est au capital cherché.

EXEMPLE.

Soit $\begin{cases} 3,450 \text{ f. la quantité de rente trois pour cent,} \\ 83 \text{ f. } 25 \text{ c. le prix,} \end{cases}$

On aura la proportion :

$$3:83.25::3450:x = \frac{5450 \times 83.25}{3} = \frac{287212.50}{3}$$
$$= 95,737 \text{ fr. } 50 \text{ c. résultat.}$$

D'où l'on peut déduire cette règle générale : multipliez la quantité de rente par le cours de la Bourse, et divisez le produit par trois.

Règle pour calculer le montant d'une quantité quelconque de rente quatre et demi pour cent, d'après le prix porté sur le cours de la Bourse.

Dites : quatre et demi est au prix porté sur

le cours de la Bourse , comme la quantité de rente donnée est au capital cherché.

EXEMPLE.

Soit $\left\{\begin{array}{l}\text{1,800 f. la quantité de rente } 4\frac{1}{2} \text{ pour cent ,}\\\text{104 f. le prix,}\end{array}\right.$

On aura la proportion :

$$4\tfrac{1}{2} : 104 :: 1800 : x = \frac{1800 \times 104}{4\frac{1}{2}} = \frac{187200}{4\frac{1}{2}}$$
$$= 41,600 \text{ fr. résultat.}$$

Ce qui donne la règle générale suivante : multipliez la quantité de rente par le prix porté sur le cours de la Bourse, et divisez le produit par quatre et demi.

Règle pour calculer le montant d'une quantité quelconque de rente quatre pour cent d'après le prix porté sur le cours de la Bourse.

Dites : quatre francs de rente est au prix porté sur le cours de la Bourse, comme la

quantité de rente donnée est au capital cherché.

EXEMPLE.

Soit $\begin{cases} 4,200 \text{ f. la quantité de rente 4 pour cent,} \\ 103 \text{ f. 10 c. le prix,} \end{cases}$

On aura la proportion suivante :

$$4 : 103.10 :: 4200 : x = \frac{4200 \times 103.10}{4} = \frac{433020}{4}$$
$$= 103,255 \text{ résultat.}$$

D'où l'on peut déduire la règle générale suivante : multipliez la quantité de rente quatre pour cent par le prix porté sur le cours de la Bourse, et divisez le produit par 4.

Règle pour connaître combien l'on peut acheter de rente trois pour cent pour un capital quelconque, d'après le prix porté sur le cours de la Bourse.

Dites : le prix porté sur le cours de la Bourse, est à trois francs de rente comme le capital donné est à la quantité de rente cherchée.

EXEMPLE.

Soit $\begin{cases} \text{95,737 f. 50 c. le capital,} \\ \quad \text{83 f. 25 c. le prix de la rente 3 %,} \end{cases}$

$$83.25 : 3 :: 95737.50 : x = \frac{95737.50 \times 3}{83.25} = \frac{287812.50}{83.25}$$
$$= 3,450 \text{ résultat (1).}$$

Ainsi pour un capital de 95,737 f. 50 c., on pourra acheter 3,450 f. de rente trois pour cent au cours de 83 f. 25 c.

On peut déduire de la proportion précédente la règle suivante : multipliez le capital donné par trois, et divisez le produit par le prix porté sur le cours de la Bourse.

---

(1) Ici, en faisant la division, on a trouvé un nombre entier ; si l'on avait eu un nombre entier suivi d'une fraction, on aurait négligé la fraction, attendu que les inscriptions de rentes au Grand-Livre ne comportent point de fractions de francs.

*Règle pour connaître l'intérêt pour cent
l'an, que rapporte la rente trois pour
cent d'après le prix porté sur le cours de
la Bourse.*

Dites : le prix porté sur le cours de la
Bourse est à 100 fr. comme 3 est au taux de
l'intérêt cherché.

EXEMPLE.

Soit 84 le prix supposé de la rente 3 pour cent.

$$84 : 100 :: 3 : x = \frac{300}{84} = 3.57,$$

intérêt pour cent l'an, que produit la rente
trois pour cent, au cours de 84 francs ; d'où
l'on peut tirer cette règle générale : divisez
300 par le prix porté sur le cours de la Bourse.

*Conséquence de la règle précédente pour
évaluer l'intérêt de la rente cinq pour
cent, quatre et demi pour cent, et quatre
pour cent.*

En suivant le principe exposé dans la

règle ci-dessus, on voit que, pour évaluer l'intérêt que produit la rente cinq pour cent d'après le prix porté sur le cours de la Bourse, il suffit de diviser 500 par le prix porté sur le cours de la Bourse ; le quotient sera l'intérêt cherché.

Pour connaître l'intérêt que produit la rente quatre et demi, il faut diviser 450 par le prix porté sur le cours de la Bourse; le quotient sera l'intérêt cherché.

Enfin pour évaluer l'intérêt que donne la rente quatre pour cent, on divisera 400 par le prix porté sur le cours de la Bourse; le quotient sera l'intérêt cherché.

ACTIONS DE LA BANQUE DE FRANCE.

Le capital primitif de la Banque de France était de quarante-cinq millions, à raison de quarante-cinq mille actions de 1,000 fr. chacune (1) ; mais, afin de pouvoir étendre ses opérations et se procurer des bénéfices suf-

---

(1) Loi du 24 germinal an XI.

fisans pour payer un dividende raisonnable à
ses actionnaires, en fournissant au Trésor
des moyens de négociations, le privilége de
la Banque, fixé d'abord à quinze années,
qui devaient expirer en 1818, fut prorogé
jusqu'au 22 septembre 1843; et au 1er. janvier 1808, la Banque fut autorisée à mettre
en émission quarante-cinq mille nouvelles
actions (1). Le capital de ces nouvelles actions fut porté à 1,200 fr. par action, au
lieu de 1000 fr., prix du capital primitif ;
200 fr. furent prélevés sur les réserves existantes pour égaler les quarante-cinq mille
premières actions aux quarante-cinq mille
nouvelles, et faire participer les quatre-
vingt-dix mille, sans distinction, à un dividende égal.

Les quatre-vingt-dix mille actions de
1,200 fr. chacune, forment un capital de
cent huit millions, sans y comprendre la
réserve ou la retenue que l'on fait chaque

_____

(1) Loi du 22 avril 1816.

année sur les bénéfices; mais la Banque ayant racheté vingt-deux mille cent de ses actions, il n'en reste plus que soixante-sept mille neuf cents en circulation.

Le dividende annuel se compose : 1º. d'une répartition de six pour cent du capital primitif de 1000 fr. par action; 2º. d'une autre répartition égale aux deux tiers du bénéfice excédant ladite répartition de six pour cent.

Le dernier tiers des bénéfices est mis en fonds de réserve. Le dividende est arrêté tous les six mois, et payé à bureau ouvert au 1er. janvier et au 1er. juillet de chaque année.

En cas d'insuffisance des bénéfices pour ouvrir un dividende dans la proportion de six pour cent du capital primitif de 1000 fr. par action, il y est pourvu en prenant sur les fonds de réserve (1), en sorte que chaque dividende ne peut être moindre que 30 fr. par action.

----

(1) Statuts de la Banque, du 16 janvier 1808.

2...

La transmission des actions s'opère par de simples transferts sur des registres doubles tenus à cet effet. Elles sont valablement transférées par la déclaration du propriétaire ou de son fondé de pouvoirs, signée sur les registres, et certifiée par un agent-de-change, s'il n'y a opposition signifiée et visée à la Banque.

Les actions de la Banque sont admises à la formation d'un majorat; alors elles deviennent immobilières (1).

La portion du revenu d'un majorat qui est en actions de la Banque, est soumise à une retenue annuelle d'un dixième, qui est successivement, chaque année, remplacée en actions de la Banque, au profit du titulaire du majorat et des appelés après lui. Ces actions sont également immobilisées.

Les actions appartenant aux gouverneur et sous-gouverneurs de la Banque sont ina-

_____

(1) Décret du 1er. mars 1808.

liénables pendant la durée de leurs fonctions (1).

La Banque n'admet à l'escompte que du papier à trois signatures, mais le transfert pur et simple des actions à la Banque équivaut à la troisième signature.

Les actions transférées garantissent à la Banque le recouvrement des effets escomptés (2).

RENTES DE LA VILLE DE PARIS.

Ces rentes sont au porteur et divisées en coupons de 250 fr. (de rente). Le paiement des arrérages en est effectué tous les six mois au 1er. janvier et au 1er. juillet à la Caisse municipale à l'Hôtel-de-Ville, sur la représentation du corps de rente et sur la remise de la quittance du porteur, laquelle doit être préalablement signée par le contrôleur des

---

(1) Art. 28 du décret du 16 janvier 1808.
(2) Art. 5, §. Ier., des Statuts de la Banque, du 25 vendémiaire an XII.

rentes. Ces quittances sont délivrées gratis.

Chaque année, il est porté au budget de la ville de Paris, et prélevé sur les revenus, outre les arrérages des rentes, un fonds annuel d'amortissement de 200,000 francs au moins ; ce fonds d'amortissement s'accroît des arrérages des rentes rachetées (1).

ACTIONS DES TROIS PONTS SUR LA SEINE.

Les actions des ponts, au nombre de 3780, ont été émises par l'association des trois ponts sur la seine, savoir : le pont des Arts, le pont du Jardin-des-Plantes, et le pont de la Cité (2). Ces actions sont au porteur ; leur valeur nominale est de 1,000 fr. ; elles jouissent d'un dividende qui est fixé tous les trois mois par les assemblées générales des intéressés.

---

(1) Ordonnance royale du 13 septembre 1815.
(2) Loi du 24 ventôse an IX. — Arrêté du 4 thermidor an X.

Le dividende se compose de la totalité des recettes, moins un trentième, que l'on retient (depuis 1811). Ce trentième se subdivise de la manière suivante : un tiers est affecté aux frais d'entretien des ponts et d'administration, et les deux autres tiers sont cumulés d'année en année, et forment un capital destiné à rembourser la valeur nominale de chaque action au 30 juin 1897, époque à laquelle finit le péage qui a été concédé à l'association.

Ce dividende est payé par trimestre, sur la présentation du titre, aux 1er. janvier, avril, juillet et octobre de chaque année, à la Caisse de l'administration, rue du Bouloy, nº. 26.

ACTIONS DES PONTS DE MONTRÉJEAN,

Roche-de-Glun, Petit-Vey et Souillac.

Ces actions sont au nombre de 1800, et chacune de 1000 fr. valeur nominale ; les intérêts, à 5 pour cent l'an, se paient chaque semestre, **au 5 février et au 5 août, au Trésor royal.**

Un fonds spécial d'amortissement agit sur ces actions depuis 1827 et en terminera l'extinction totale en 1847 (1).

BONS ROYAUX,

AUTREMENT DITS

BONS DE LA CAISSE DE SERVICE.

Le Ministre des finances est autorisé à créer, pour le service de la Trésorerie et les négociations avec la Banque de France, des *bons royaux* portant intérêt, et payables à échéance fixe : ces échéances sont ordinairement 4, 6, 9 ou 12 mois de date.

Les bons royaux en circulation ne peuvent excéder une somme déterminée chaque année par le budget ; dans le cas où cette somme déterminée serait insuffisante

---

(1) Loi du 5 août 1821. — Ordonnance royale du 20 février 1823.

pour les besoins du service, il y est pourvu au moyen d'une émission supplémentaire qui doit être autorisée par ordonnance du Roi, et dont il est rendu compte à la plus prochaine session des Chambres (1).

La négociation des bons royaux se fait à la Bourse par l'entremise des agens-de-change.

BILLETS DE LA CAISSE SYNDICALE DES BOULANGERS DE PARIS.

Pour assurer et faciliter le service de la Boulangerie de Paris, le conseil d'administration (2) de la Caisse syndicale des boulangers est autorisé, par ordonnance du Roi, du 15 janvier 1817, à mettre en

---

(1) Loi de finance de 1826, Titre III, art. 6. — Budgets des sessions de 1826 à 1830.

(2) Ce conseil est composé de M. le préfet de la Seine, de M. le préfet de Police, un membre du conseil-général du département, un des Maires de Paris, un syndic des boulangers et un Commissaire du Gouvernement.

émission des valeurs appelées *billets de la Caisse syndicale des Boulangers*. Ces billets sont à des échéances indéterminées, et chacun de la somme de 1,000 fr.

BONS DU MONT-DE-PIÉTÉ.

Le Mont-de-Piété, établi à Paris au profit des pauvres, reçoit des sommes d'argent à titre de placement ; le taux de l'intérêt s'établit de gré à gré entre les parties : contre les sommes versées, l'Administration délivre des effets au porteur, connus sous le nom de *bons du Mont-de-Piété.* Ces bons se négocient à la Bourse par le ministère des agens-de-change sous la déduction de l'escompte pour le temps qui reste à courir jusqu'à l'échéance du remboursement.

ACTIONS DU CANAL MONSIEUR.

Une compagnie a fait au Gouvernement un prêt de 10,000,000 de francs pour continuer le canal de Besançon à

Strasbourg. Alors, après un cours de 160 lieues, il réunira le Rhin à la Saône, et établira par conséquent une communication directe entre la mer du Nord et la Méditerranée.

Ce fonds capital de la compagnie est représenté par 10,000 actions au porteur, de 1,000 francs chaque, intitulées *actions d'emprunt*, auxquelles sont jointes 10,000 *actions de jouissance*, qui représentent la moitié du revenu net et annuel du canal, allouée à la compagnie à titre de prime.

Les actions portent cinq pour cent d'intérêt annuel, payable par semestre, au 30 juin et au 31 décembre de chaque année. Elles sont accompagnées d'un coupon de prime de 250 fr., payable le jour du remboursement de l'action dont le numéro sera sorti à un tirage annuel. Le premier tirage a eu lieu à Strasbourg en décembre 1822, et les tirages successifs se font chaque année à la même époque jusqu'au complet remboursement.

3

L'Administration de la compagnie du canal Monsieur est établie à Strasbourg.

Chaque action est accompagnée d'une feuille de coupons portant intérêt à cinq pour cent du capital nominal, payable à Strasbourg, de semestre en semestre, dans le courant de janvier et dans le courant de juillet de chaque année.

L'action de jouissance du canal Monsieur, qui a été délivrée avec *l'action d'emprunt*, donne droit à la 10,000^{me}. partie du revenu net et annuel du canal, dont la répartition sera faite à la fin de chaque année. Cette jouissance ne peut être moindre de 75 ans, dans l'hypothèse la plus défavorable, c'est-à-dire, en bornant les revenus du canal à 800,000 fr. *minimum* assuré par le Gouvernement (1) ; ce qui suffit pour effectuer le remboursement de la totalité des actions en capital, intérêts et primes. Mais

(1) Loi du 5 août 1821, et traité annexé à ladite loi.

bien loin de là, on estime comme probables, à 1,300,000 fr. par an, et au-delà, les revenus du canal Monsieur.

ACTIONS DU CANAL DU DUC D'ANGOULÊME.

Il a été créé pour l'emprunt de 6,600,000 fr. du canal du duc d'Angoulême, 6,600 actions au porteur, purement financières, et composées comme suit :

1º. D'une *action* simple de 1,000 fr. rapportant quatre pour cent l'an, à dater du 10 octobre 1827, jusqu'au remboursement intégral ;

2º. D'un *billet de prime* de 600 fr. attaché à l'action, avec faculté cependant de l'en séparer, payable en même temps que le remboursement du capital de 1,000 fr.

Le service du remboursement intégral avec prime, et des intérêts, sera fait par le Trésor royal. L'opération de l'Amortissement durera 33 ans et un tiers, à partir du moment de l'achèvement des travaux.

Il a été créé en outre pour cet emprunt

3..

1,320 actions de jouissance nominatives,
qui auront droit à la répartition entre elles
des neuf dixièmes des excédans du produit
du canal, pendant les 33 et un tiers années
que durera l'Amortissement de l'emprunt, et
ensuite des neuf dixièmes de la moitié des
produits pendant cinquante ans.

Les porteurs des actions d'emprunt de
1,000 fr. du canal du duc d'Angoulême
ont la faculté de les échanger au Trésor
royal (avec ou sans billet de prime), en
parties de dix, portant les numéros consécutifs d'une dizaine, de 1 à 10, 11 à 20,
etc., contre des certificats du Trésor nominatifs et transmissibles par endossement
de 10,000 fr. pour les dix actions simples
à quatre pour cent, avec coupons de 200
fr. par semestre pour les intérêts réunis,
et de 6,000 fr. pour les dix billets de
prime.

ACTIONS DU CANAL DES ARDENNES.

Il a été créé pour l'emprunt de 8,000,000 f.

du canal des Ardennes, 8,000 actions purement financières et composées comme suit :

1°. D'une *action* simple de 1,000 fr. rapportant quatre pour cent l'an, à dater du 10 octobre 1827, jusqu'au remboursement intégral ;

2°. D'un *billet de prime* de 750 fr. (attaché à l'action, avec faculté cependant de l'en séparer), payable en même temps que le remboursement du capital de 1,000 fr.

Le service du remboursement intégral avec primes, et des intérêts, sera fait par le Trésor royal. L'opération de l'Amortissement durera 33 ans et un tiers, à partir du moment de l'achèvement des travaux.

Il a été créé en outre pour cet emprunt 1,600 actions de jouissance nominatives, qui auront droit à la répartition entre elles des neuf dixièmes des excédans des produits du canal pendant les 33 et un tiers années que durera l'Amortissement de l'emprunt, et ensuite des neuf dixièmes de la moitié des produits pendant cinquante ans.

Les porteurs des actions d'emprunt de 1,000 fr. du canal des Ardennes, ont la faculté de les échanger au Trésor royal (avec ou sans billets de primes), en parties de dix, portant les numéros consécutifs d'une dizaine, comme de 1 à 10, 11 à 20, etc., contre des certificats du Trésor, nominatifs et transmissibles par endossement de 10,000 fr. pour les dix actions simples à quatre pour cent, avec coupons de 200 fr. par semestre, pour les intérêts réunis, et de 7,500 fr. pour les dix billets de prime.

ACTIONS DES QUATRE CANAUX.

Les actions des quatre canaux comprennent l'ensemble des canaux de *Bretagne*, du *Nivernais*, du *Duc de Berri* et celui *latéral à la Loire* ; ces quatre canaux forment une affaire commune sous une seule et même administration.

Ces actions sont en nombre de 69,120, et se composent de deux parties : *la première*,

TABLEAU

Des Paiemens à faire par le porteur de chaque Action des quatre Canaux.

DATES des VERSEMENS.	SOMMES DUES par LE PORTEUR.		INTÉRÊTS DUS AU PORTEUR, à raison de 5 p. % l'an.		SOMMES à verser PAR LE PORTEUR.		SOMMES à recevoir PAR LE PORTEUR.	
1 Octobre 1822.	200	»	»	»	200	»	»	»
1 Avril 1823.	»	»	5	»	»	»	5	»
1 Octobre »	»	»	5	»	»	»	5	»
1 Avril 1824.	31	88	5	»	26	88	»	»
1 Octobre »	56	71	5	80	50	91	»	»
1 Avril 1825.	56	61	7	21	49	40	»	»
1 Octobre »	56	50	8	63	47	87	»	»
1 Avril 1826.	56	40	10	04	46	36	»	»
1 Octobre »	56	29	11	45	44	84	»	»
1 Avril 1827.	56	18	12	86	43	32	»	»
1 Octobre »	56	06	14	26	41	80	»	»
1 Avril 1828.	55	95	15	67	40	28	»	»
1 Octobre »	55	83	17	06	38	77	»	»
1 Avril 1829.	55	70	18	46	37	24	»	»
1 Octobre »	51	45	19	85	31	60	»	»
1 Avril 1830.	46	32	21	14	25	18	»	»
1 Octobre »	35	33	22	30	13	03	»	»
1 Avril 1831.	21	74	23	18	»	»	1	44
1 Octobre »	21	55	23	72	»	»	2	17
1 Avril 1832.	21	35	24	26	»	»	2	91
1 Octobre »	8	15	24	80	»	»	16	65
	1000	»	295	69	737	48	33	17

TABLEAU

Des Remboursemens par tirages au sort des 69,120 Actions des quatre Canaux et de leurs Billets de prime.

DATES des REMBOURSEMENS.	NOMBRE d'actions et Billets de Prime à rembourser.	DATES des REMBOURSEMENS.	NOMBRE d'actions et Billets de Prime à rembourser.	DATES des REMBOURSEMENS.	NOMBRE d'actions et Billets de Prime à rembourser.
		Report......	14282	*Report......*	36801
1 Avril 1833.	495	1 Octobre 1844.	781	1 Avril 1856.	1231
1 Octobre »	505	1 Avril 1845.	796	1 Octobre »	1256
1 Avril 1834.	515	1 Octobre »	812	1 Avril 1857.	1281
1 Octobre »	525	1 Avril 1846.	829	1 Octobre »	1306
1 Avril 1835.	536	1 Octobre »	845	1 Avril 1858.	1333
1 Octobre »	547	1 Avril 1847.	862	1 Octobre »	1359
1 Avril 1836.	558	1 Octobre »	879	1 Avril 1859.	1386
1 Octobre »	569	1 Avril 1848.	897	1 Octobre »	1414
1 Avril 1837.	580	1 Octobre »	915	1 Avril 1860.	1442
1 Octobre »	592	1 Avril 1849.	933	1 Octobre »	1471
1 Avril 1838.	604	1 Octobre »	952	1 Avril 1861.	1501
1 Octobre »	616	1 Avril 1850.	971	1 Octobre »	1531
1 Avril 1839.	628	1 Octobre »	990	1 Avril 1862.	1561
1 Octobre »	641	1 Avril 1851	1010	1 Octobre »	1592
1 Avril 1840.	653	1 Octobre »	1030	1 Avril 1863.	1624
1 Octobre »	666	1 Avril 1852.	1050	1 Octobre »	1657
1 Avril 1841.	680	1 Octobre »	1072	1 Avril 1864.	1690
1 Octobre »	693	1 Avril 1853	1093	1 Octobre »	1724
1 Avril 1842.	707	1 Octobre »	1115	1 Avril 1865.	1661
1 Octobre »	721	1 Avril 1854.	1137	1 Octobre »	1574
1 Avril 1843.	736	1 Octobre »	1160	1 Avril 1866	1394
1 Octobre »	750	1 Avril 1855.	1183	1 Octobre »	1101
1 Avril 1844.	765	1 Octobre »	1207	1 Avril 1867.	230
	14282		36801		69120

, intitulée *action de l'emprunt*, représente une valeur nominale de 1,000 fr., dont un cinquième, soit 200 fr. par action, ont été payés de suite, et les 800 fr. restans doivent être versés par le porteur, dans la caisse de la Compagnie, de 1824 à 1832, conformément au tableau ci-joint.

L'action d'emprunt est *au porteur* ou *nominative*.

Les intérêts sont servis par semestre, les 1er. octobre et 1er. avril de chaque année, à raison de cinq pour cent l'an, sur la portion de l'action qui est acquittée.

Elle est enfin remboursable au plus tard de 1833 à 1867, conformément au tableau ci-joint, en capital intégral, plus une *prime fixe* de 250 fr.; soit en totalité 1,250 fr.

La *seconde partie* de l'action, nommée *action de jouissance*, constitue en faveur du porteur le droit de participer pour un soixante-huit millième, à la moitié du produit net réuni des quatre canaux, pendant quarante ans à partir de 1868.

On vend des *actions d'emprunt* seules, des *actions de jouissance* seules ; et quand l'action d'emprunt se trouve jointe à l'action de jouissance, on désigne ces doubles actions par le mot *Omnium*.

Les actions des quatre canaux sont, à volonté, ou *au porteur* ou *nominatives*.

On a créé une troisième sorte de titres (1) sous la dénomination de *certificat de dépôt*, qui n'est en elle-même qu'une nouvelle combinaison des précédens, pour permettre de libérer, totalement et par anticipation, un certain nombre d'actions, en leur appliquant, jusqu'à due concurrence, une portion des versemens faits sur un certain nombre d'autres.

Voici l'analyse de cette combinaison :

On fait un tout homogène de vingt-cinq actions (accompagnées de leurs accessoires) qui sont déposées à la Compagnie pour être, successivement et à mesure de versement,

_____

(1) Par ordonnance royale, du 16 juin 1824.

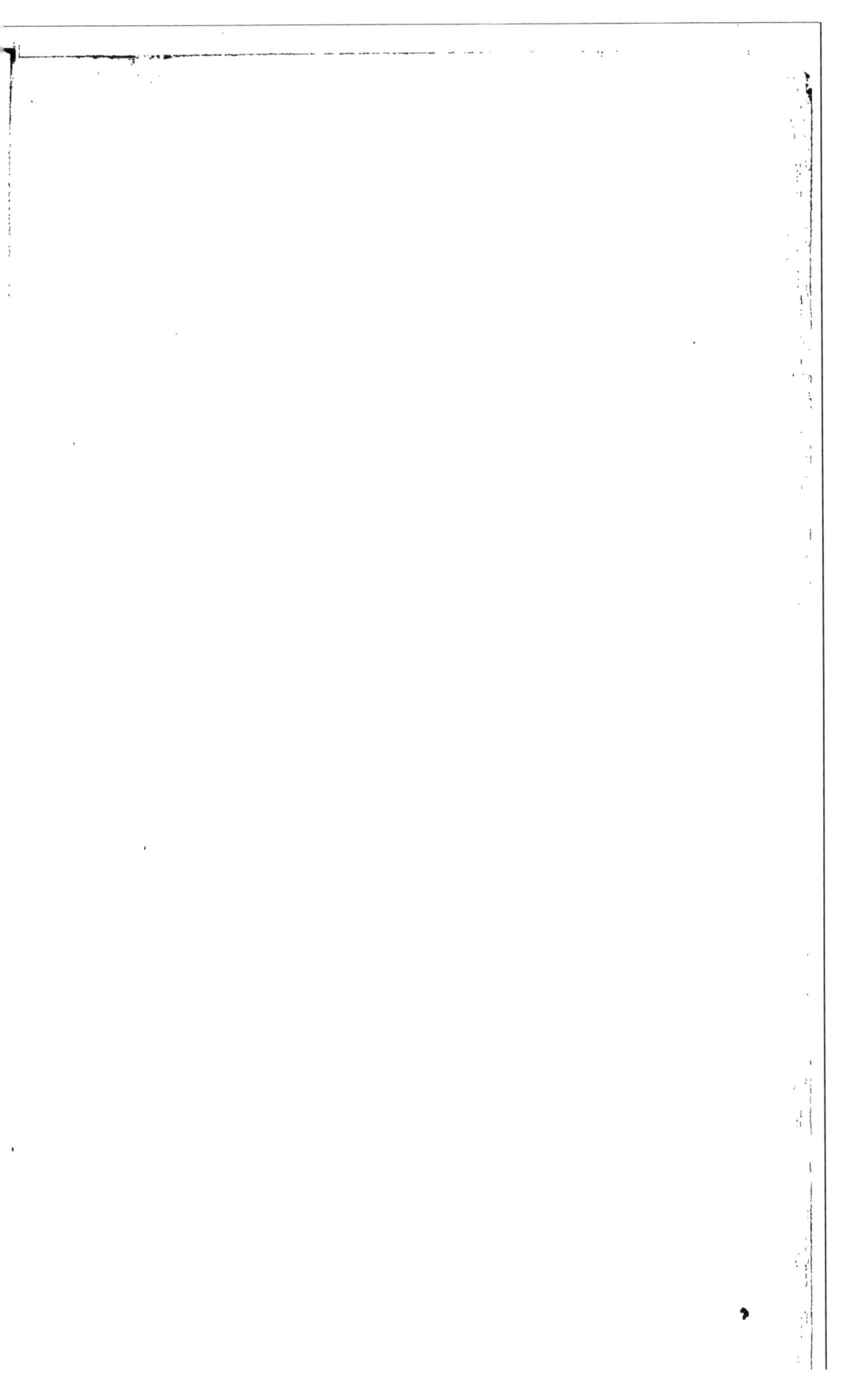

TABLEAU

De la Libération successive de 25 Actions des quatre Canaux.

DATES DES VERSEMENS ET DÉLIVRANCES.	MONTANT DES VERSEMENS.		INTÉRÊT DU sur LES VERSEMENS ANTÉRIEURS.		Semestre des Actions libérées à déduire.	Restant à compenser avec le déposant.	SOMME à payer par le déposant pour solde de son versement.	NOMBRE d'actions libérées à lui délivrées.	NOMBRE d'actions restant en dépôt.	SOMME PAYÉE SUR LES ACTIONS Restant en dépôt.	
	Par Action.	Par 25 Actions.	Par Action.	Par 25 Actions.						Sur Toutes.	Sur Chacune.
1822 Octobre 1.....	200	5,000 »	» »	» »	» »	» »	5,000 »	»	25	5,797 »	231 88
1824 Avril 1.....	31 88	797 »	5 »	125 »	» »	125 »	672 »				
» Octobre 1.....	56 71	1,417 75	5 80	145 »	» »	145 »	1,272 75	2	23	5,214 75	226 73
1825 Avril 1.....	56 61	1,415 25	7 21	180 25	50 »	130 25	1,285 »	2	21	4,630 »	220 50
» Octobre 1.....	56 50	1,412 50	8 63	215 75	100 »	115 75	1,296 75	2	19	4,042 50	212 76
1826 Avril 1.....	56 40	1,410 »	10 04	251 »	150 »	101 »	1,309 »	1	18	4,452 50	247 36
» Octobre 1.....	56 29	1,407 25	11 45	286 25	175 »	111 25	1,296 »	2	16	3,859 75	241 23
1827 Avril 1.....	56 18	1,404 50	12 86	321 50	225 »	96 50	1,308 »	2	14	3,264 25	233 16
» Octobre 1.....	56 06	1,401 50	14 26	356 50	275 »	81 50	1,320 »	2	12	2,665 75	222 14
1828 Avril 1.....	55 95	1,398 75	15 67	391 75	325 »	66 75	1,332 »	1	11	3,064 50	278 59
» Octobre 1.....	55 83	1,395 75	17 06	426 50	350 »	76 50	1,319 25	2	9	2,460 25	273 36
1829 Avril 1.....	55 70	1,392 50	18 46	461 50	400 »	61 50	1,331 »	2	7	1,852 75	264 68
» Octobre 1.....	51 45	1,286 25	19 85	496 25	450 »	46 25	1,240 »	1	6	2,139 »	356 50
1830 Avril 1.....	46 32	1,158 »	21 14	528 50	475 »	53 50	1,104 50	1	5	2,297 »	459 40
» Octobre 1.....	35 33	883 25	22 30	557 50	500 »	57 50	825 75	1	4	2,180 25	545 06
1831 Avril 1.....	21 74	543 50	23 18	579 50	525 »	54 50	489 »	1	3	1,723 75	574 58
» Octobre 1.....	21 55	538 75	23 72	593 »	550 »	43 »	495 75	1	2	1,262 50	631 25
1832 Avril 1.....	21 35	533 75	24 26	606 50	575 »	31 50	502 25	1	1	796 25	796 25
» Octobre 1.....	8 15	203 75	24 80	620 »	600 »	20 »	183 75	1	»	» »	
	1,000 »	25,000 »				1,417 25	23,582 75	15			
							25,000 »				

estituées par elle dans un état de libération
complète avec coupons d'intérêts de 25 fr.
par semestre.

Pendant la durée de cette opération, les
actions déposées sont représentées par un
certificat de dépôt qui indique les versemens *faits*, diminués de la valeur nominale
des actions libérées qui ont été délivrées ; et
les versemens *à faire*, augmentés de la valeur des coupons d'intérêt attachés à ces
actions libérées, conformément au tableau
ci-annexé.

Le nombre d'actions non libérées, représenté par le certificat de dépôt, décroît par
conséquent à mesure que le nombre d'actions libérées augmente.

Ce certificat indivisible jusqu'à son extinction, est néanmoins toujours négociable
pour le nombre d'actions, et pour le reliquat
des versemens qui y restent affectés. Il l'est
par simple transmission, quand il est délivré
en blanc, et par endossement, lorsque le porteur a jugé à propos d'y remplir son nom.

L'Administration des quatre canaux a vu dans cette combinaison, qui n'est qu'une modification de forme et qui ne change rien au fond, le moyen de mieux approprier ses actions aux convenances respectives des spéculateurs, des capitalistes et des étrangers.

La cote de la Bourse énonce les actions des quatre canaux sous les diverses dénominations et avec les subdivisions qu'elles comportent, de sorte que leur négociation ou totale ou partielle est facilitée autant que possible sous ce rapport.

Lorsque le cours porte 1,245 fr., cela signifie qu'une action des quatre canaux (1) vaut 245 fr. de plus que sa valeur nominale de 1,000 fr.; cet excédant qui forme un bénéfice se nomme *prime*.

La compagnie des quatre canaux ayant obtenu par ordonnance royale la faculté de

---

(1) On entend ici l'*omnium*, qui se compose de l'action d'*emprunt*, du *billet de prime* et de l'action de *jouissance* réunis.

changer le mode des versemens, au moyen du *certificat de dépôt* de 25 actions, il en résulte que l'on a maintenant des actions complètement payées, dites *actions libérées*, et qu'ainsi le capitaliste débourse immédiatement la somme qu'il a l'intention de placer sur cet effet, reçoit ses intérêts chaque semestre, et n'a plus l'embarras d'avoir deux fois par an des versemens à faire.

Les inscriptions, retraits de titres au porteur, et conversions en certificat de dépôt, demandés du lundi au jeudi de chaque semaine, sont expédiés le vendredi et rendus aux déposans le samedi. Les demandes faites après le jeudi pour ces opérations ne sont censées l'être que le lundi suivant.

Les transferts d'inscriptions d'un nom à un autre s'effectuent dans les 24 heures.

Nous avons déjà dit que les quatre canaux comprenaient les canaux de *Bretagne*, du *Nivernais*, du *Duc de Berri* et le *canal latéral à la Loire*.

Les canaux de Bretagne sont au nombre

de trois, quoiqu'ils ne fassent qu'un seul article dans la loi de création. 1º. Le canal de *Nantes à Brest* se compose de trois canaux à point du partage. Il passe nécessairement du bassin de la Loire dans celui de la Vilaine ; du bassin de la Vilaine dans celui du Blavet ; du bassin du Blavet dans celui de l'Aulne, qui débouche dans la rade de Brest. 2º. Le canal d'*Ille-et-Rance* est destiné à établir une communication navigable entre la Manche et l'Océan, et à réunir les ports de Nantes, Brest et Saint-Malo. Il passe des bassins de l'Ille dans celui de Rance, et traverse à Hédé le seuil qui sépare les deux vallées. 3º. Le canal du *Blavet* n'est qu'un embranchement vers la mer du canal de Nantes à Brest. Il commence à Pontivy et se termine à Hennebon ; au-dessous d'Hennebon, le Blavet est naturellement navigable.

Le canal du *Nivernais* commence à Auxerre, remonte à la vallée de l'Yonne jusqu'à la Chaise, s'élève à la vallée de Co-

lancelle jusqu'au plateau des Breuilles, traverse en cet endroit le seuil qui sépare les
deux bassins, et descend ensuite vers la
Loire par la vallée de l'Aron.

Le canal du *Duc de Berri* fait partie de
la ligne de navigation de l'est à l'ouest, qui
s'étend depuis Strasbourg jusqu'à Brest.
Il communique d'un côté avec le canal
Monsieur, par le canal latéral à la Loire et
le canal du centre; de l'autre, par la Loire
avec Nantes et les canaux de Bretagne.

Le canal *latéral à la Loire* est situé entièrement sur la rive gauche de la Loire; il
prend son origine vis-à-vis Digoin et abou-
tit en face de Briare (1).

Les bureaux de la Compagnie des quatre
canaux sont établis rue Saint-Fiacre, n°. 20.

---

(1) Rapports annuels faits au Roi sur la situation
des canaux.—Rapports faits aux assemblées générales des actionnaires des quatre canaux, en janvier 1824, 1825, 1826, 1827, 1828 et 1829.

Règle pour calculer le montant d'une ac-tion Omnium *des quatre canaux, d'a-près le prix porté sur le cours de la Bourse.*

Calculez le montant des paiemens faits au moment de la négociation, d'après le tableau page 65, ajoutez-y la prime qui excède la valeur nominale de 1,000 fr. pour une action, vous aurez le coût d'une action.

EXEMPLE.

Soit 1,245 le prix,

Le 20 septembre 1829 le jour de la négociation.

D'après le Tableau page 65, nous voyons que les paiemens effectués jusqu'au 20 septembre 1829 s'élèvent à . . . . 794 f. 11 c.

La prime au-dessus de la valeur nominale de l'action est ici de 245 f. (puisque le cours est supposé à 1,245 f.), ci pour prime 245
_____

TOTAL. . . . . 1,039 f. 11 c.

pour le montant d'une action des quatre canaux Omnium, achetée le 20 septembre 1829, au cours de 1,245 f.

ACTIONS PRIMITIVES DE 2,500 FR. DU CANAL
DE BOURGOGNE.

Le prêt de 25,000,000 fr. fait au Gouvernement par M. Jonas Hagermann, pour
l'achèvement du canal de Bourgogne, a
d'abord été divisé en 10,000 actions au porteur, de 2,500 fr. chaque.

L'adjudicataire, en cédant tous les avantages de sa soumission, a mis les actionnaires en ses lieu et place; il a obtenu du Ministre que les porteurs d'actions seraient
en relation directe avec le Trésor royal,
auquel ils doivent faire eux-mêmes les
versemens successifs, jusqu'à concurrence
du montant de l'action, et dont ils recevront ensuite les intérêts, primes, amor-
tissemens et jouissances.

Les avantages accordés par le Gouvernement se composent :

1°. De l'intérêt à 5 fr. 10 cent. pour cent
par an, pendant la durée des travaux, soit
pendant dix ans trois mois, jusqu'au
1er. avril 1833.

2º. Du même intérêt de 5 fr. 10 cent. par an, sur les sommes restant dues pendant les trente-six années que doit durer l'Amortissement; plus une prime annuelle et invariable de demi pour cent sur le capital primitif, soit 12 fr. 50 cent. par action, pendant lesdites trente-six années ; cette prime, qui reste fixe pendant que le capital décroît, établit un intérêt moyen de 5 fr. 73 cent. pendant la durée des trente-six années de l'Amortissement.

Moyenne de l'intérêt pendant les quarante-six ans trois mois, 5 fr. 50 cent.

3º. D'une action de jouissance qui doit commencer le 1er. octobre 1868, et donnera droit au porteur, pendant quarante ans, au dix-millième de la moitié des produits nets du canal. Cette époque est la plus éloignée possible ; elle serait susceptible d'être rapprochée si l'excédant des produits nets permettait au Gouvernement d'augmenter l'Amortissement annuel pour le remboursement du capital ; et cette cir-

constance, en faisant connaître l'importance du revenu du canal, fixerait la valeur
de l'action de jouissance.

Ces produits nets, éventuels de leur nature, et par conséquent non évaluables
d'une manière précise, paraissent néanmoins pouvoir devenir très importans, car
le canal de Bourgogne forme une ligne navigable qui traverse la France du midi au
nord ; il établit la communication de la
Méditerranée à l'Océan, et réunit Marseille,
Lyon et Dijon avec Paris, Rouen et le Hâvre. On peut donc le considérer comme la
voie principale de la navigation intérieure,
par laquelle une grande partie des objets de
commerce extérieur des ports de la Méditerranée et des produits du sol et des manu-
factures du midi, les vins de Bourgogne et
des pays avoisinans, les bois et le charbon
de terre, seront expédiés sur Paris, Rouen,
le Hâvre, et par suite à l'étranger (1).

_____

(1) Loi du 14 août 1822. — Ordonnance du
3...

ACTIONS DE 1,000 FR. DE LA SOCIÉTÉ ANO-
NYME POUR LA RECONSTITUTION DU CAPI-
TAL DES ACTIONS DU CANAL DE BOUR-
GOGNE.

Par ordonnance royale, du 31 octobre
1827, les prêteurs de la *Compagnie de
l'emprunt pour la confection du canal de
Bourgogne*, ont été autorisés à diviser leur
prêt en actions de 1,000 fr., portant intérêt
à 5 pour cent l'an, et remboursables intégralement de 1833 à 1868 au plus tard.

Le Gouvernement ne s'étant engagé à
terminer le canal qu'en 1832, et ayant sti-
pulé, dans le cahier des charges, que les
versemens des prêteurs seraient formés d'à-
comptes successifs jusqu'à cette époque, la
conséquence de cette condition a été de
représenter le prêt par des *actions libérées*
et des *actions non libérées*.

Roi, du 13 novembre 1822. — Cahier de charges
pour le canal de Bourgogne.

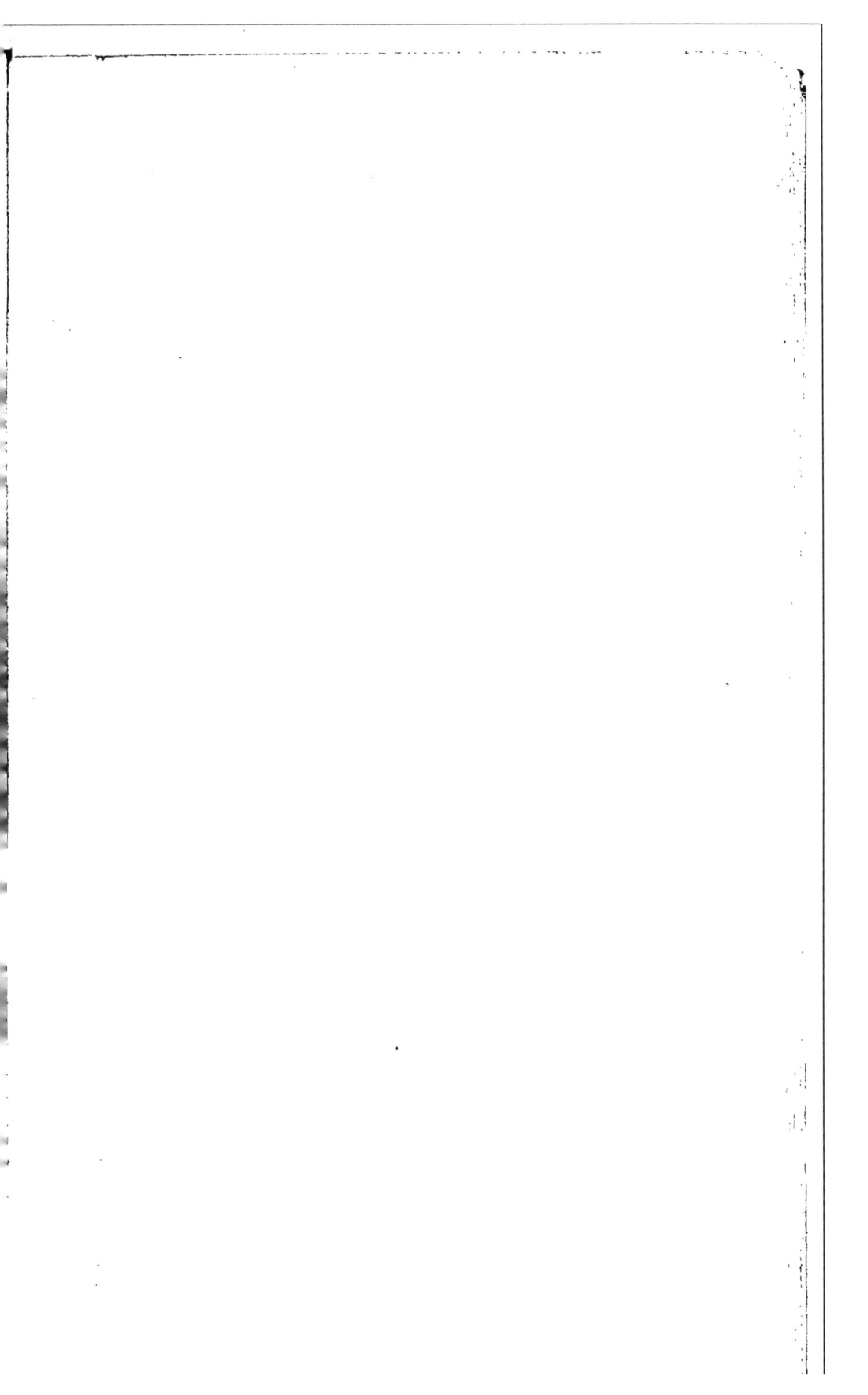

Tableau **A** *des Versemens à faire sur les Actions non libérées du Canal de Bourgogne.*

(SOCIÉTÉ ANONYME POUR LA RECONSTITUTION DU CAPITAL.)

1827.	Avril	1er	Les Versemens faits jusqu'à ce jour et applicables à la présente Action, sont comptés pour....... IL RESTE A VERSER		179 66
			Au comptant.	En compensation d'intérêts.	
	Juillet	1er	35 47	» »	35 47
	Octobre	1er	32 37	4 93	37 30
1828.	Janvier	1er	35 47	» »	35 47
	Avril	1er	30 56	6 75	37 31
	Juillet	1er	35 47	» »	35 47
	Octobre	1er	42 51	8 57	51 08
1829.	Janvier	1er	35 64	» »	35 64
	Avril	1er	27 12	10 74	37 86
	Juillet	1er	35 64	» »	35 64
	Octobre	1er	25 31	12 58	37 89
1830.	Janvier	1er	35 64	» »	35 64
	Avril	1er	23 50	14 41	37 91
	Juillet	1er	35 64	» »	35 64
	Octobre	1er	21 69	16 25	37 94
1831.	Janvier	1er	35 64	» »	35 64
	Avril	1er	19 88	18 09	37 97
	Juillet	1er	35 64	» »	35 64
	Octobre	1er	18 07	19 93	38 »
1832.	Janvier	1er	35 64	» »	35 64
	Avril	1er	16 27	21 77	38 04
	Juillet	1er	34 82	» »	34 82
	Octobre	1er	14 72	23 61	38 33
			662 71	157 63	1,000 »

Tableau **B** *des Remboursemens par voie de Tirages au sort.*

Nota. Ces remboursemens sont calculés dans la supposition d'une reconstitution complète du capital des emprunts. Si cette reconstitution n'est que partielle, les remboursemens seront proportionnels.

DATES des REMBOURSEMENS.	NOMBRE d'actions à rembourser.	DATES des REMBOURSEMENS.	NOMBRE d'actions à rembourser.	DATES des REMBOURSEMENS.	NOMBRE d'actions à rembourser.	DATES des REMBOURSEMENS.	NOMBRE d'actions à rembourser.
		Report...	3,110	*Report...*	7,963	*Report...*	15,534
1833, Avril 1er	139	1842, Avril 1er	217	1851, Avril 1er	338	1860, Avril 1er	527
8bre 1er	142	8bre 1er	222	8bre 1er	34	8bre 1er	541
1834, Avril 1er	146	1843, Avril 1er	228	1852, Avril 1er	355	1861, Avril 1er	554
8bre 1er	150	8bre 1er	233	8bre 1er	364	8bre 1er	568
1835, Avril 1er	153	1844, Avril 1er	239	1853, Avril 1er	373	1862, Avril 1er	582
8bre 1er	157	8bre 1er	245	8bre 1er	383	8bre 1er	597
1836, Avril 1er	161	1845, Avril 1er	251	1854, Avril 1er	392	1863, Avril 1er	612
8bre 1er	165	8bre 1er	258	8bre 1er	402	8bre 1er	627
1837, Avril 1er	169	1846, Avril 1er	264	1855, Avril 1er	412	1864, Avril 1er	643
8bre 1er	174	8bre 1er	271	8bre 1er	422	8bre 1er	659
1838, Avril 1er	178	1847, Avril 1er	278	1856, Avril 1er	433	1865, Avril 1er	675
8bre 1er	182	8bre 1er	284	8bre 1er	444	8bre 1er	692
1839, Avril 1er	187	1848, Avril 1er	292	1857, Avril 1er	455	1866, Avril 1er	709
8bre 1er	192	8bre 1er	299	8bre 1er	466	8bre 1er	727
1840, Avril 1er	196	1849, Avril 1er	306	1858, Avril 1er	478	1867, Avril 1er	745
8bre 1er	201	8bre 1er	314	8bre 1er	490	8bre 1er	764
1841, Avril 1er	206	1850, Avril 1er	322	1859, Avril 1er	502	1868, Avril 1er	783
8bre 1er	212	8bre 1er	330	8bre 1er	515	8bre 1er	661
A reporter...	3,110	*A reporter...*	7,963	*A reporter...*	15,534		27,200

Les *actions libérées* sont de 1,000 fr. Cette somme, entièrement versée par le porteur, est due par le Gouvernement; elle porte intérêt à 5 pour cent l'an, payable par semestre, au 1er. avril et au 1er. octobre, sur la présentation des coupons annexés à l'action.

Les actions non libérées sont aussi de 1,000 fr., valeur nominale, mais il n'y a encore qu'une partie de payée; l'autre partie, formant le complément de la somme de 1,000 fr., s'acquitte tant par des versemens que par la compensation des intérêts à 5 pour cent, conformément au tableau A ci-joint.

Le remboursement intégral de toutes les actions (1) s'effectuera par voie de tirage au sort, de 1833 à 1868 au plus tard, dans les proportions indiquées dans le tableau B

---

(1) Tant des *libérées* que des *non libérées*, parce que ces dernières auront effectué leur libération en 1832.

ci-joint, et jusqu'à l'époque de ce remboursement, elles recevront l'intérêt de 5 pour
cent l'an, payable par semestre, ainsi que
nous l'avons dit à la page précédente.

Chacune des nouvelles actions de 1,000 fr.,
valeur nominale, est accompagnée d'une
action de jouissance ; dans la supposition
d'une reconstitution complète, il y aura
27,200 actions du canal de Bourgogne, et
c'est dans cette proportion que les nouvelles
actions de jouissance auront à se partager
l'abandon fait par le Gouvernement de la
moitié des produits nets du canal de Bourgogne, pendant quarante ans, à dater du
remboursement de l'emprunt.

La subdivision des actions de jouissance
en quotités plus petites, peut, par la suite,
en favoriser la circulation, lorsque le développement du système de canalisation de la
France permettra d'assigner une valeur po-
sitive à ces effets.

Les porteurs d'actions non libérées de
1,000 fr. du canal de Bourgogne, peuvent

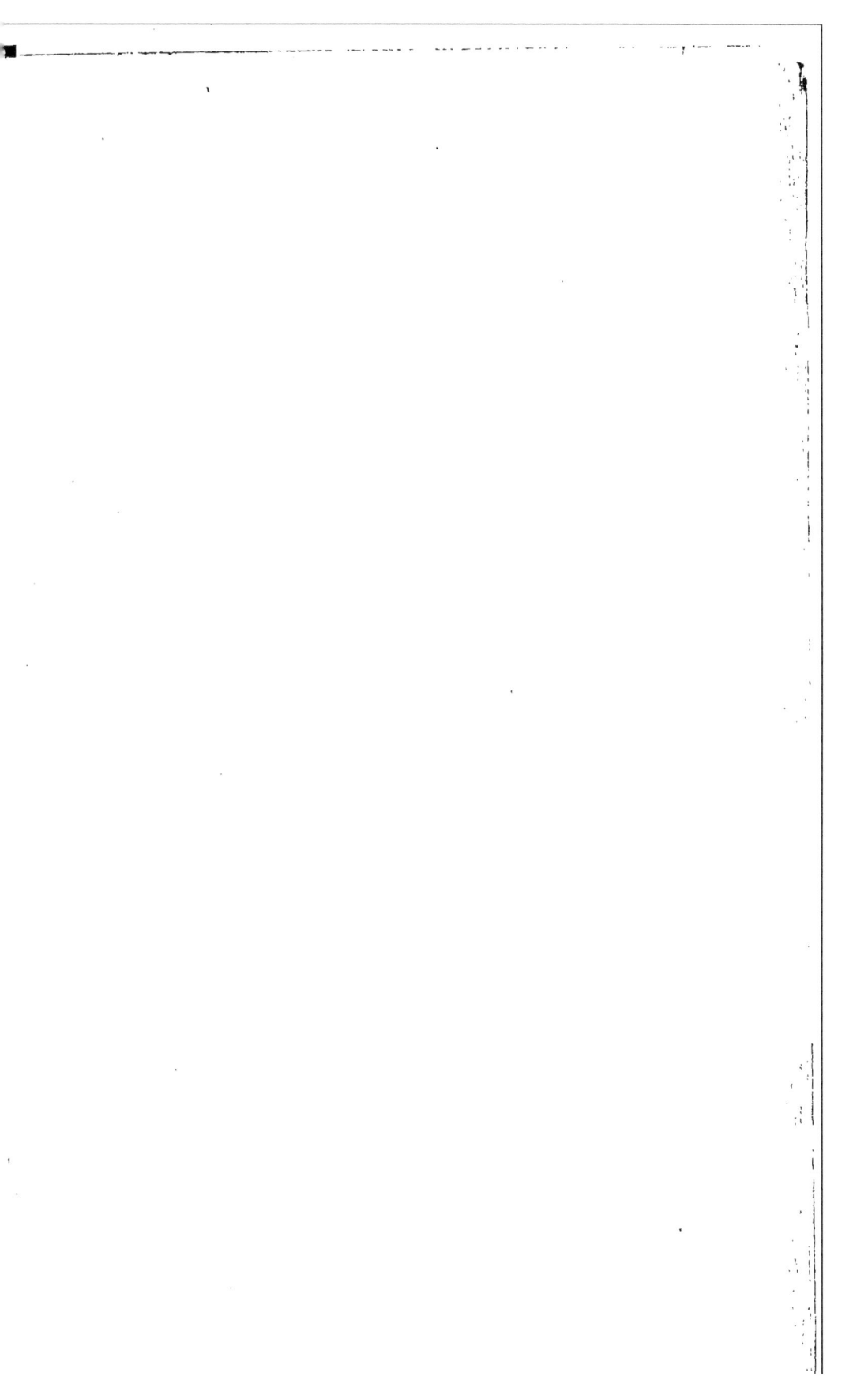

Certificats de Dépôt d'Actions du Canal de Bourgogne.

TABLEAU DE LA LIBÉRATION SUCCESSIVE DES 43 ACTIONS.

DATES DES VERSEMENS ET DÉLIVRANCES.	IL RESTE A PAYER PAR LE PORTEUR.		TOTAL DES VERSEMENS.	NOMBRE D'ACT. LIBÉRÉES A DÉLIVRER AU PORTEUR.	NOMBRE D'ACTIONS RESTANT EN DÉPÔT.	SOMMES PAYÉES SUR LES ACTIONS RESTANT EN DÉPÔT.	
	AU COMPTANT.	EN COMPENSATION D'INTÉRÊTS.				SUR TOUTES.	SUR CHACUNE.
1828. Avril 1er	Versé jusqu'à ce jour sur 43 Actions.		13984, 03.	7.	36.	6984, 03.	194, 00.
» Juillet 1er	1525, 21.	» »	1525, 21.	2.	34.	6509, 24.	191, 44.
» Octobre 1er	2052, 93.	143, 51.	2196, 44.	2.	32.	6705, 68.	209, 55.
1829. Janvier 1er	1532, 52.	» »	1532, 52.	2.	30.	6238, 20.	207, 94.
» Avril 1er	1491, 16.	136, 82.	1627, 98.	2.	28.	5866, 18.	209, 50.
» Juillet 1er	1532, 52.	» »	1532, 52.	2.	26.	5398, 70.	207, 64.
» Octobre 1er	1513, 33.	115, 94.	1629, 27.	2.	24.	5027, 97.	209, 49.
1830. Janvier 1er	1532, 52.	» »	1532, 52.	2.	22.	4560, 49.	207, 29.
» Avril 1er	1535, 50.	94, 63.	1630, 13.	2.	20.	4190, 62.	209, 53.
» Juillet 1er	1532, 52.	» »	1532, 52.	2.	18.	3723, 14.	206, 84.
» Octobre 1er	1557, 67.	73, 75.	1631, 42.	2.	16.	3354, 56.	209, 66.
1831. Janvier 1er	1532, 52.	» »	1532, 52.	2.	14.	2887, 08.	206, 22.
» Avril 1er	1579, 84.	52, 87.	1632, 71.	2.	12.	2519, 79.	209, 98.
» Juillet 1er	1532, 52.	» »	1532, 52.	2.	10.	2052, 31.	205, 23.
» Octobre 1er	1602, 01.	31, 99.	1634, 00.	2.	8.	1686, 31.	210, 78.
1832. Janvier 1er	1532, 52.	» »	1532, 52.	2.	6.	1218, 83.	203, 13.
» Avril 1er	1624, 61.	11, 11.	1635, 72.	2.	4.	854, 55.	213, 63.
» Juillet 1er	1497, 26.	» »	1497, 26.	1.	3.	1351, 81.	450, 60.
» Octobre 1er	1632, 96.	15, 23.	1648, 19.	3.	»	» »	» »
			43000, 00.	43.			

JACQUES BRESSON. *Des Fonds publics*, 6me. édit., pag. 79.

libérer, par anticipation, un certain nombre de ces actions, de la même manière que
se libèrent actuellement les actions de la
Compagnie des quatre canaux. Ainsi sur
quarante-trois actions, déposées à la Société,
on applique les versemens faits, par exemple,
jusqu'au 1er. juillet 1829, à dix-sept d'entre elles qui sont entièrement libérées. Les
vingt-six actions restantes, ainsi que le reliquat des versemens qui y reste attaché, font
l'objet d'un certificat de dépôt dont le propriétaire est tenu de faire chaque semestre le
versement dû par quarante-trois actions, et
reçoit par contre un nombre déterminé de
nouvelles actions libérées, jusqu'à son entière
extinction. La marche de cette libération est
indiquée dans le tableau ci-contre.

Les actions non libérées converties en
libérées, d'après ce procédé, sont revêtues
de toutes les quittances des versemens échus
et à échoir, et accompagnées d'une feuille
de coupons d'intérêt portant en tête l'indi-

cation du certificat de dépôt par lequel la libération a eu lieu.

Les actions non libérées restant en mains de la Société pour représenter le certificat de dépôt, doivent être accompagnées de leurs actions de jouissance.

Les porteurs d'actions libérées du canal de Bourgogne ont la faculté de les déposer contre des inscriptions nominatives, qui peuvent se transférer d'un nom à un autre, ou se reconvertir en titres au porteur, à la volonté des titulaires.

Ces inscriptions nominatives sont passibles, pour tout le temps de leur durée, d'une rétribution de 10 cent. par action, dont le maximum, pour un seul et même dépôt, ne peut pas excéder 10 fr.

Les titres déposés, soit contre certificats de dépôt, soit contre inscriptions nominatives, sont renfermés dans une caisse à trois clés (1).

_____

(1) Statuts supplémentaires approuvés par ordonnances royales, des 5 et 24 juin 1828.

Par suite d'un arrangement fait avec la Compagnie des quatre canaux, les bureaux sont rue Saint-Fiacre, n°. 20. On a jugé avantageux pour le public de réunir dans le même local, et, pour l'exécution matérielle des conventions, dans les mêmes mains, des opérations consacrées par la même loi, et de créer ainsi un centre commun pour des intérêts importans qui se trouveront toujours vis-à-vis du Gouvernement dans une position tout-à-fait identique.

ACTIONS PRIMITIVES DE 5,500 FR. DU CANAL D'ARLES A BOUC.

(*Département des Bouches-du-Rhône.*)

Le prêt de 5,500,000 fr. fait au Gouvernement par MM. Gabriel Odier et compagnie, pour achever le canal d'Arles à Bouc, près Marseille, a d'abord été subdivisé en mille actions au porteur de 5,500 fr. chaque (1).

_____

(1) Ces actions sont sur parchemin, de dimension grand in-folio.

Chacune de ces actions primitives donne droit à un millième de toutes les réparti-tions qui seront faites par le Gouvernement pour cet emprunt. On paie chaque année l'intérêt à raison de cinq douze centièmes, plus une prime de demi pour cent sur le capital primitif, jusqu'à l'entier rembour-sement du prêt. Ces actions sont accompa-gnées d'une *action de jouissance* qui donne droit au porteur de participer pour un mil-lième à la moitié du revenu net et annuel pendant 40 ans, à partir de 1864.

Le but de ce canal est de remplacer la navigation du Rhône, depuis son embou-chure jusqu'à Arles, dont le trajet est rendu difficile et souvent impossible par les vents et les sables.

Les nombreuses expéditions du commerce de Marseille, le transport des sels, produits de tous les marais qui environnent Bouc, et la foire de Beaucaire, promettent à ce canal des produits importans en temps

Tableaux des Remboursemens par voie de Tirages au sort des Actions du Canal d'Arles à Bouc.

SOCIÉTÉ ANONYME POUR LA RECONSTITUTION DU CAPITAL.

Nota. Ces remboursemens sont calculés dans la supposition d'une reconstitution complète du capital des emprunts. Si cette reconstitution n'est que partielle, les remboursemens seront proportionnels.

DATES des REMBOURSEMENS.	NOMBRE d'actions à rembour.	DATES des REMBOURSEMENS.	NOMBRE d'actions à rembour.	DATES des REMBOURSEMENS.	NOMBRE d'actions à rembour.	DATES des REMBOURSEMENS.	NOMBRE d'actions à rembour.
		Report...	688	Report...	1,763	Report...	3,441
1829, Avril 1er	31	1838, Avril 1er	48	1847, Avril 1er	75	1856, Avril 1er	117
8bre 1er	32	8bre 1er	49	8bre 1er	77	8bre 1er	120
1830, Avril 1er	32	1839, Avril 1er	50	1848, Avril 1er	79	1857, Avril 1er	123
8bre 1er	33	8bre 1er	52	8bre 1er	81	8bre 1er	126
1831, Avril 1er	34	1840, Avril 1er	53	1849, Avril 1er	83	1858, Avril 1er	129
8bre 1er	35	8bre 1er	54	8bre 1er	85	8bre 1er	132
1832, Avril 1er	36	1841, Avril 1er	56	1850, Avril 1er	87	1859, Avril 1er	135
8bre 1er	37	8bre 1er	57	8bre 1er	89	8bre 1er	139
1833, Avril 1er	37	1842, Avril 1er	59	1851, Avril 1er	91	1860, Avril 1er	142
8bre 1er	38	8bre 1er	60	8bre 1er	94	8bre 1er	146
1834, Avril 1er	39	1843, Avril 1er	61	1852, Avril 1er	96	1861, Avril 1er	150
8bre 1er	40	8bre 1er	63	8bre 1er	98	8bre 1er	153
1835, Avril 1er	41	1844, Avril 1er	65	1853, Avril 1er	101	1862, Avril 1er	157
8bre 1er	42	8bre 1er	66	8bre 1er	103	8bre 1er	161
1836, Avril 1er	43	1845, Avril 1er	68	1854, Avril 1er	106	1863, Avril 1er	165
8bre 1er	45	8bre 1er	70	8bre 1er	108	8bre 1er	169
1837, Avril 1er	46	1846, Avril 1er	71	1855, Avril 1er	111	1864, Avril 1er	173
8bre 1er	47	8bre 1er	73	8bre 1er	114	8bre 1er	122
A reporter...	688	A reporter...	1,763	A reporter...	3,441		6,000

JACQUES BRESSON. *Des Fonds Publics*, sixième édition, page 83.

de paix comme en temps de guerre (1).

ACTIONS DE 1,000 FR. DE LA SOCIÉTÉ ANO-NYME POUR LA RECONSTITUTION DU CAPITAL DES ACTIONS DU CANAL D'ARLES A BOUC.

Par une ordonnance royale, les prêteurs de la *Compagnie de l'emprunt pour la confection du canal d'Arles à Bouc*, ont été autorisés à diviser leur prêt en actions de 1,000 fr., portant intérêt à cinq pour cent l'an, et remboursables intégralement de 1829 à 1864, par voie de tirage au sort, dans les proportions indiquées dans le tableau ci-joint.

Ces actions portent intérêt à cinq pour cent l'an, payable par semestre au 1er. avril et au 1er. octobre de chaque année, jusqu'au moment de leur remboursement.

---

(1) Loi du 14 août 1822.—Ordonnance du Roi, du 13 novembre 1822. — Cahier de charges du canal d'Arles à Bouc.

4

À chaque action financière est jointe une *action de jouissance*; dans la supposition d'une reconstitution complète, il y aurait 6,000 actions du canal d'Arles à Bouc, et c'est dans cette proportion que les nouvelles actions de jouissance auront à se partager l'abandon fait par le Gouvernement de la moitié des produits nets du canal d'Arles à Bouc, pendant 40 ans à dater du remboursement de l'emprunt.

Les porteurs d'actions du canal d'Arles à Bouc ont la faculté de les déposer contre des inscriptions nominatives, qui peuvent se transférer d'un nom à un autre, ou se reconvertir en titres au porteur, à la volonté des titulaires. Ces inscriptions nominatives sont passibles pour tout le temps de leur durée, d'une rétribution de dix cent. par action, dont le maximum pour un seul et même dépôt ne peut pas excéder dix francs (1).

---

(1) Ordonnance royale, du 31 octobre 1827. —

Les bureaux de la Compagnie sont établis
rue Saint-Fiacre, nº. 20, dans le même local que ceux de la Compagnie du canal de
Bourgogne et de la Compagnie des quatre
canaux.

ACTIONS DE L'EMPRUNT DE LA NAVIGATION DE L'OISE.

L'ordonnance royale du 13 juillet 1825,
qui prescrit l'emprunt de 3,000,000 fr.
pour la navigation de l'Oise, autorisé par la
loi du 5 août 1821, donna lieu à la création
par la Compagnie de M. Sartoris, de 3,000
actions d'emprunt, maintenant toutes libérées, à l'exception de 520 actions qui le
seront dans le courant de 1830.

Les 3,000 actions d'*emprunt* sont au porteur, de 1,250 fr. capital chaque, représentant quatre pour cent d'intérêt par an,

---

Statuts supplémentaires approuvés par ordonnances royales des 5 et 24 juin 1828.

4..

jusqu'à leur remboursement qui se fera d'après le tableau ci-joint.

Le service des intérêts et de l'Amortissement se fait par le Trésor royal.

Les 3,000 *actions de Jouissance* sont au porteur et donnent droit :

1º. Aux neuf dixièmes des excédans des produits de la concession pendant les 33 un tiers premières années de la navigation, déduction faite de l'annuité fixe de 225,000 fr. , garantie par le Gouvernement, pendant ce temps.

2º. Aux neuf dixièmes de la moitié desdits produits pendant les 50 années suivantes de navigation, qui complèteront les 83 un tiers années de concession, aux termes de la convention avec le Gouvernement.

Le compte et la répartition des produits seront faits annuellement aux actionnaires par l'administration de la Compagnie.

Tableau de l'Amortissement des **3000** Actions de l'emprunt de la Navigation de l'Oise, par tirages de semestre en semestre en 33 ⅓ années, à partir de l'époque de l'achèvement des travaux fixés par la loi à fin **1830**.

1re Année.	20 Actions. 20 »	18e Année.	40 Actions. 40 »
2e »	20 » 20 »	19e »	40 » 50 »
3e »	20 » 20 »	20e »	50 » 50 »
4e »	20 » 30 »	21e »	50 » 50 »
5e »	30 » 30 »	22e »	50 » 50 »
6e »	30 » 30 »	23e »	50 » 50 »
7e »	30 » 30 »	24e »	50 » 60 »
8e »	30 » 30 »	25e »	60 » 60 »
9e »	30 » 30 »	26e »	60 » 60 »
10e »	30 » 30 »	27e »	60 » 60 »
11e »	30 » 30 »	28e »	60 » 60 »
12e »	30 » 30 »	29e »	70 » 70 »
13e »	40 » 40 »	30e »	70 » 70 »
14e »	40 » 40 »	31e »	70 » 70 »
15e »	40 » 40 »	32e »	70 » 80 »
16e »	40 » 40 »	33e »	80 » 80 »
17e »	40 » 40 »	1/3.	60 »
	1050 Actions.		**1950 Actions.**

Ensemble 3000 Actions.

Jacques BRESSON. *Des Fonds Publics*, sixième édition, page 86.

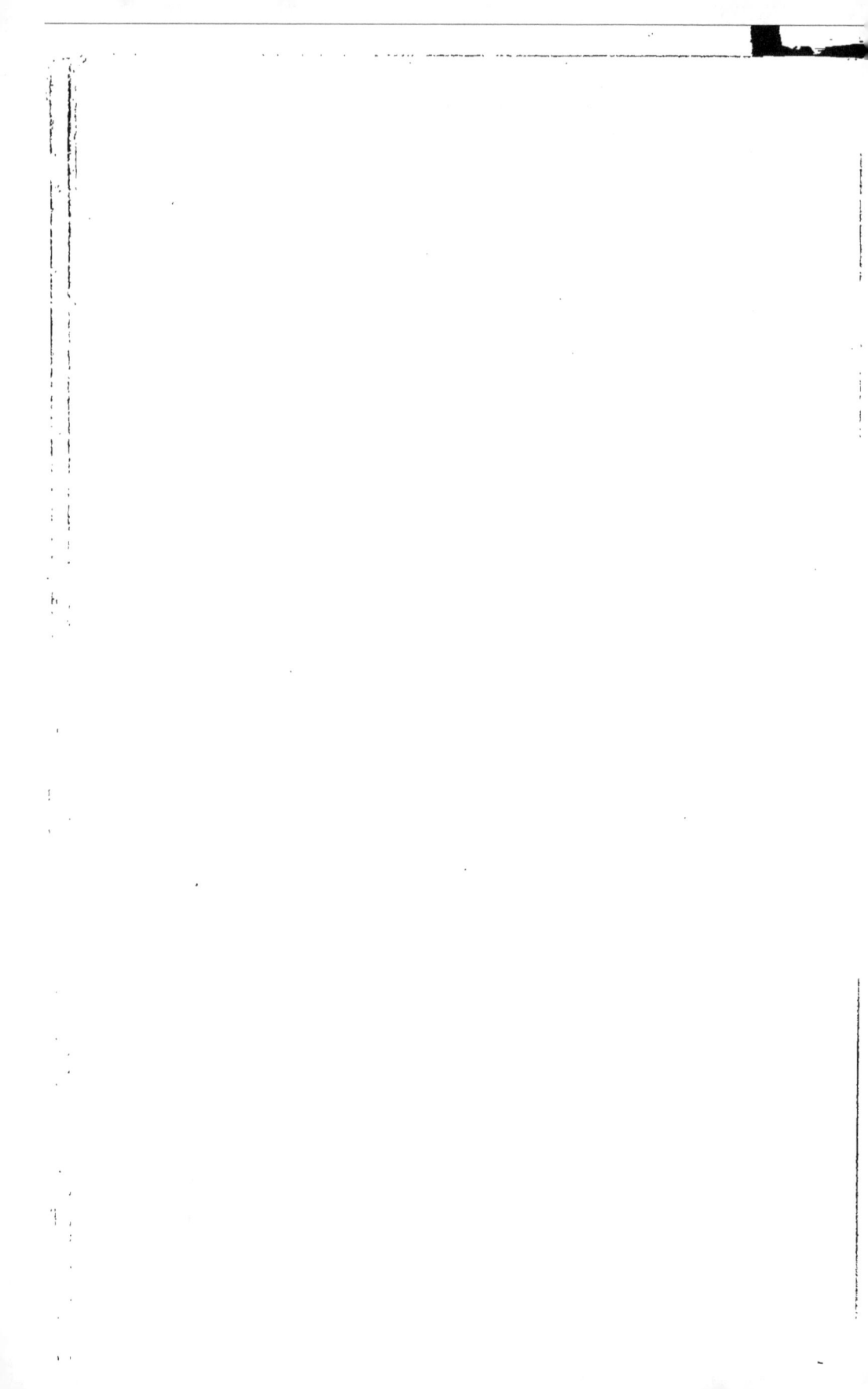

ACTIONS DE LA COMPAGNIE ROYALE D'ASSU-
RANCES CONTRE L'INCENDIE.

Le capital de cette Société est fixé à
10,000,000 de fr., divisés en deux mille actions de 5,000 fr. chacune. Les actionnaires
souscrivent l'obligation de verser, s'il y a
lieu, jusqu'à concurrence du montant de
leurs actions; l'obligation indique un domicile à Paris. Les obligations sont garanties,
pour chaque action, par un transfert au
nom de la Compagnie, de 50 francs de
rentes cinq pour cent consolidés.

Les actionnaires ne sont responsables des
engagemens de la Compagnie, que jusqu'à
la concurrence du montant de leurs actions.

Ces actions sont représentées par une inscription nominale sur les registres de la Société; il n'y a point d'actions au porteur. Aucun actionnaire ne peut posséder plus de cent
actions.

Il ne peut être admis d'actionnaire que
par délibération du Conseil d'administration

de la Compagnie , au scrutin secret, et à la majorité des trois quarts des votans ; néanmoins ne sont point soumis au scrutin d'admission ceux qui transfèrent , en garantie de l'obligation , une somme de rentes ou autres fonds publics français, équivalente au montant de leurs actions.

Les arrérages de rentes , ainsi que les arrérages, intérêts ou dividendes des autres fonds publics, transférés en garantie du paiement des actions, sont répartis aux actionnaires immédiatement après qu'ils ont été perçus.

La transmission des actions s'opère par de simples transferts sur des registres doubles tenus à cet effet. Elles sont valablement transférées par la déclaration du propriétaire ou de son fondé de pouvoir, signée sur les registres, et certifiée par un administrateur. La certification mentionne l'arrêt d'admission.

Sur les bénéfices résultant des inventaires faits au 31 décembre de chaque année, un

quart au moins, ou la moitié au plus, est mis
en réserve en accroissement du capital. Le surplus est distribué aux actionnaires. Suivant
le compte rendu pour l'année 1828, les bénéfices ainsi réservés s'élevaient à 512,002 fr.
62 c.; lorsqu'ils auront atteint la somme
d'un million de francs, cette réserve ne
pourra excéder le quart ni être au-dessous
du huitième des bénéfices annuels (1).

La Compagnie royale s'occupe dans ce
moment de joindre à ses opérations une
branche spéciale d'assurance sur la vie humaine.

Les bureaux de la Compagnie sont établis
rue Menars, n°. 3.

ACTIONS DE LA COMPAGNIE D'ASSURANCES GÉNÉ-
RALES MARITIMES.

Le capital de cette Société est de 5,000,000
de francs, spécialement et uniquement af-

(1) Ordonnance du Roi, du 11 février 1820. —
Actes des 25 janvier et 2 février 1820, annexés à
ladite ordonnance.

fectés aux assurances maritimes ordinaires,
et ceux de guerre survenante, ainsi que risques de navigation intérieure et de trans-
ports par terre. Ces 5,000,000 de francs sont
fournis par trois cents actions de 12,500 fr.
l'une et par mille de 1,250 fr. l'une.

Les actions de 12,500 francs sont au nom
des propriétaires; elles ne peuvent être
transférées qu'avec l'agrément du Conseil
d'administration. Le cinquième desdites actions est payé au moment de leur délivrance, au choix de l'actionnaire, en argent ou
en dépôt d'effets publics, transférés au nom
de la Société; les autres quatre cinquièmes
peuvent être fournis en obligations directes
non négociables, payables à la Compagnie à
présentation.

Les actionnaires étrangers qui n'ont pas
en France un domicile fixe, ou des proprié-
tés immobilières suffisantes, doivent déposer,
en effets publics transférés au nom de la Société, le prix total de leurs actions.

Les actions de 1,250 francs sont au porteur, et payées argent comptant.

Les propriétaires d'actions nominatives ont en tout temps la faculté d'en acquitter plus d'un cinquième ; mais les intérêts revenant à ces paiemens ne courent qu'à compter de l'ouverture du semestre qui suit immédiatement lesdits paiemens.

Si, dans le cours d'un semestre, le propriétaire d'actions nominatives veut convertir en un dépôt d'effets publics le paiement du cinquième qu'il a fait en numéraire, il en a la faculté ; mais il ne lui est tenu compte d'aucun intérêt pour le temps couru pendant ce semestre.

Les actionnaires nominatifs, ainsi que les propriétaires d'actions au porteur, conformément à l'article 33 du Code de commerce, ne sont passibles que de la perte du montant de leurs actions.

Chaque semestre, un intérêt de deux et demi pour cent est prélevé sur les bénéfices acquis en faveur des actions au porteur, et

des portions d'actions nominatives qui ont
été payées comptant. Il n'est point dû d'intérêts sur les effets publics reçus en dépôt :
les dividendes et arrérages qui résultent de
ces effets appartiennent toujours à leurs
propriétaires, et leur sont remis aussitôt
qu'ils sont reçus.

Après le prélèvement des intérêts susdits,
le huitième des bénéfices nets acquis par l'extinction des risques qui les auront produits,
sera prélevé, et formera un fonds de réserve
au profit de la Société.

Sur les sept autres huitièmes du bénéfice,
il est pris, à la fin de chaque année, en cumulant ou en compensant les bénéfices ou
les pertes des deux semestres, 2 pour cent,
qui sont employés par le Conseil d'administration en actes de bienfaisance.

Ces prélèvemens faits, le résultat des bénéfices nets est réparti au centime le franc
entre les actions au porteur et les actions
nominatives; mais le contingent qui revient
à la portion des actions nominatives qui

n'aura pas été payée comptant ou déposée en effets publics, au lieu d'être touché par les actionnaires, sera porté à leur crédit : leurs engagemens seront déduits d'autant, et cet article de crédit, considéré comme argent reçu, vaudra, les semestres suivans, intérêts aux propriétaires (1).

ACTIONS DE LA COMPAGNIE D'ASSURANCES GÉNÉRALES CONTRE L'INCENDIE.

Le capital de cette Société est de 2,000,000 de francs ; il est fourni par trois cents actions de 5,000 fr. l'une, et par mille actions de 500 fr. l'une.

Les actions de 5,000 fr. sont au nom des propriétaires ; elles ne peuvent être transférées qu'avec l'agrément du Conseil d'administration. Le cinquième desdites actions est payé au moment de leur délivrance, au

---

(1) Ordonnances du Roi, des 22 avril et 2 septembre 1818. — Acte social et statuts de ladite Compagnie.

choix de l'actionnaire, en argent ou en dépôt d'effets publics, transférés au nom de la
Société ; les quatre autres cinquièmes peuvent être fournis en obligations directes non
négociables, payables à la Compagnie à présentation.

Les actions de 500 fr. sont au porteur, et
payées argent comptant.

Chaque semestre, un intérêt de 2 1/2 pour
cent est prélevé sur les bénéfices acquis en
faveur des actions au porteur, et des portions
d'actions nominatives qui ont été payées
comptant. Il n'est pas dû d'intérêts sur les
effets publics reçus en dépôt ; les dividendes
et arrérages qui résultent de ces effets appartiennent toujours à leurs propriétaires,
et leur sont remis aussitôt qu'ils sont reçus.

Après le prélèvement des intérêts susdits,
la moitié des bénéfices nets acquis par l'extinction des risques qui les ont produits, est
prélevée pour former un fonds de réserve au
profit de la Société.

Lorsque ce fonds de réserve aura porté le

capital de la Société à trois millions, il ne sera plus prélevé qu'un quart ; et lorsqu'il aura été porté à quatre millions, il ne sera plus prélevé qu'un huitième des bénéfices nets au profit de la Société.

Sur les bénéfices qui restent après ces prélèvemens, il est pris, à la fin de chaque année, en cumulant ou compensant les bénéfices ou les pertes de deux semestres, 2 pour cent, qui sont employés par le Conseil d'administration en actes de bien-faisance.

Ces prélèvemens faits, le résultat des bénéfices nets est réparti au centime le franc entre les actions au porteur et les actions nominatives, en suivant la même marche que celle indiquée ci-dessus pour les actions de la Compagnie d'assurances générales maritimes (1).

_____

(1) Ordonnances du Roi, des 14 février et 20 octobre 1819. — Actes des 10 août et 28 décembre 1818.

ACTIONS DE LA COMPAGNIE D'ASSURANCES GÉNÉRALES SUR LA VIE DES HOMMES.

Le capital de cette Compagnie est de 3,000,000 de francs ; il est formé par trois cents actions de 7,500 francs l'une , et par mille actions de 750 francs l'une. Les actions de 7,500 francs sont au nom des propriétaires , et elles ne peuvent être transférées qu'avec l'agrément du Conseil d'administration ; et cet agrément constitue la parfaite libération de l'actionnaire cédant , et les nouvelles obligations du cessionnaire.

Le cinquième desdites actions est payé , au moment de leur délivrance, au choix de l'actionnaire , en argent ou en dépôt d'effets publics, transférés au nom de la Compagnie; les autres quatre cinquièmes peuvent être fournis en obligations directes payables à la Compagnie à présentation ; mais ces obligations devront être entièrement acquittées et effectivement réalisées dans la caisse de la Société , au plus tard dans le terme de

cinq ans, à compter du 22 décembre 1819,
jour que la Compagnie a été autorisée par
une ordonnance royale.

Les actions de 750 fr. sont au porteur
et payées argent comptant.

Chaque semestre, un intérêt de 2 1/2 pour
cent est prélevé sur les bénéfices acquis, et
subsidiairement sur le capital social, en faveur des actions au porteur et des portions
d'actions nominatives qui ont été payées
comptant.

Il n'est pas dû d'intérêt sur les effets publics reçus en dépôt ; les dividendes et arrérages qui résultent de ces effets appartiennent toujours à leurs propriétaires, et leur
sont remis aussitôt qu'ils sont reçus.

Après le prélèvement des intérêts susdits,
si les bénéfices nets acquis s'élèvent à deux
pour cent du capital primitif ou au-dessus,
la moitié desdits bénéfices est prélevée, et
forme un fonds de réserve au profit de la Société. Lorsque ce fonds de réserve aura porté
le capital de la Société à 4,000,000, il ne

sera plus prélevé qu'un quart; lorsqu'il aura été porté à 5,000,000, il ne sera plus prélevé qu'un huitième de bénéfices nets, au profit de la Société.

Sur les bénéfices qui restent après ces prélèvemens, il est pris à la fin de chaque année, en cumulant ou compensant les bénéfices ou les pertes des deux semestres, deux pour cent, qui sont employés par le Conseil d'administration en actes de bienfaisance.

Ces prélèvemens faits, le résultat des bénéfices nets est réparti au centime le franc entre les actions au porteur et les actions nominatives, en suivant la même marche que celle indiquée ci-dessus pour les actions de la Compagnie d'assurances générales maritimes.

Si les bénéfices nets acquis pendant le premier semestre, ne s'élèvent pas à deux pour cent, il ne sera pas fait de répartition qu'à la fin de celui des semestres suivans, où ces deux pour cent seront réalisés (1).

N. B. Nous devons observer que les actions des trois branches réunies forment une inscription d'une valeur totale de 25,000 f. et se négocient collectivement.

ACTIONS DE LA COMPAGNIE FRANÇAISE DU PHÉNIX.

Le but de la Compagnie française du Phénix est d'assurer toutes les valeurs périssables par l'incendie. Son capital primitif a été fixé à 400,000 fr. en numéraire, et 180,000 fr. de rentes sur le Grand-Livre de la Dette publique. Ce capital est divisé en actions au porteur, de 100 fr. numéraire et 45 fr. de rentes, et forme la première série.

La Compagnie se réserve et promet de porter son capital jusqu'à 1,080,000 fr. de rentes, et 2,400,000 fr. d'espèces, ce qui doit avoir lieu par cinq nouvelles séries de

(1) Ordonnance du Roi, du 22 décembre 1819. — Acte social et règlement de ladite Compagnie.

4,000 actions chacune, de mêmes espèce et valeur que les premières. Il n'y a encore qu'une série d'établie ; l'époque des nouvelles séries sera délibérée par le conseil-général et soumise à l'approbation du Ministre de l'intérieur.

Les actions, quoique au porteur, peuvent être rendues transférables ; il est ouvert, à cet effet, un registre à la direction générale, rue Neuve-Saint-Augustin, n°. 18.

Ces actions jouissent d'un dividende qui est arrêté et payé tous les six mois. Ce dividende se compose de la totalité des bénéfices, moins un quart, qui est mis en réserve et employé en inscriptions sur le Grand-Livre. Il n'y aurait lieu à aucun dividende, si, après avoir épuisé la réserve, le capital de la Compagnie se trouvait entamé ; car, dans ce cas, tous les bénéfices devront être réservés pour remettre ledit capital au complet. S'il arrivait que, par des malheurs successifs et réitérés, le capital de la Compagnie fût réduit des trois quarts, et que les actionnaires ne voulussent pas le reconstituer de nouveau, elle se dissoudrait, et suspendrait toute opération nouvelle. Dans ce cas, ce qui resterait du fonds capital demeurerait la garantie des assurés, jusqu'à l'extinction de la dernière police d'assurance.

Si la réserve produisait une somme de 3,000,000 de fr., elle serait réduite à un cinquième des bénéfices; et si elle produisait 12,000,000 de fr., elle cesserait entièrement.

Les rentes des actionnaires, c'est-à-dire les arrérages des inscriptions transmises à la Compagnie, ne sont pas réputés bénéfices; ils sont payés intégralement, et par semestre, aux porteurs d'actions, sans frais de perception. Il en est de même des intérêts du dixième versé en numéraire, lesquels intérêts sont payés, chaque semestre, aux actionnaires, à six pour cent par année, en même temps que les arrérages

d'inscription dont il vient d'être parlé (1).

ACTIONS DE L'UNION,

Compagnie d'assurance contre l'incendie.

Le capital de la Société est fixé à 10,000,000 de fr., et divisé en 2,000 actions de 5,000 fr. chacune.

Les actionnaires souscrivent l'obligation de verser, s'il y a lieu, jusqu'à la concur-rence du montant de leurs actions ; l'obli-gation indique un domicile à Paris. L'obli-gation ci-dessus est garantie pour chaque action par le transfert, au nom de la Com-pagnie, de 45 fr. de rentes trois pour cent sur l'État, et par un versement de 100 fr. en numéraire. Les actionnaires ne sont res-ponsables des engagemens de la Compagnie que jusqu'à concurrence du montant de leurs actions.

Les actions sont représentées par une

_____

(1) Ordonnance du Roi, du 1er. septembre 1819.
—Statuts de la Compagnie française du Phénix.

inscription nominative sur les registres de la Compagnie. Il est délivré à chaque actionnaire un certificat d'inscription signé par deux administrateurs et le directeur.

Il ne peut être admis d'actionnaires qu'en vertu d'une délibération du Conseil d'administration, prise au secret et à la majorité des membres présens. Le Conseil peut exiger comme condition d'admission le dépôt ou le transfert des valeurs équivalentes au montant des actions.

Les arrérages de rentes, ainsi que les arrérages, intérêts et dividendes des autres valeurs transférées ou déposées en garantie des actions, sont remis aux actionnaires immédiatement après qu'ils ont été perçus.

La transmission des actions s'opère, par voie de transfert, sur un registre tenu à cet effet au domicile de la Société; le transfert est signé par le cédant et accepté par le cessionnaire.

Chaque année la situation de la Compagnie est arrêtée au 31 décembre; le Conseil d'administration, d'après cet arrêté de situation, décide, s'il y a lieu, à une répartition de bénéfice, et en fixe l'importance. En cas de répartition de bénéfice, le quart au moins et la moitié au plus est mis en réserve en accroissement du capital; le surplus est distribué aux actionnaires au prorata de leur intérêt. Lorsque les bénéfices réservés s'élèveront à un million, la réserve annuelle pourra être réduite du quart jusqu'au huitième des bénéfices; l'excédant est réparti aux actionnaires.

ACTIONS DE L'UNION,

Compagnie d'assurance sur la vie humaine.

Les opérations de cette Compagnie comprennent les contrats ou transactions dont les effets dépendent de la vie de l'homme, et qui sont définis dans les quatre articles suivans :

I. La Compagnie s'oblige, moyennant une somme qui lui est payée immédiatement ou moyennant une prime qui lui est

versée annuellement, à payer après le décès d'une ou de plusieurs personnes, un
capital convenu; ou à payer un capital ou
une rente, soit au premier survivant, soit
au survivant désigné de deux ou plusieurs
personnes.

II. La Compagnie s'engage, moyennant
une prime unique ou annuelle, à payer
un capital, si le décès d'une ou de plusieurs personnes a lieu dans un temps donné; si les personnes désignées ne meurent
pas dans le temps indiqué, la Compagnie
n'a rien à payer, et les primes versées lui
sont acquises.

III. La Compagnie s'oblige, contre une
somme une fois donnée ou une prime annuelle, à payer un capital ou à servir une
rente viagère, si une personne est vivante
à une époque déterminée d'avance. Si la personne désignée meurt avant l'époque fixée,
la Compagnie n'a rien à payer et les sommes
versées lui sont acquises.

IV. La Compagnie, moyennant une

somme une fois payée, s'oblige à servir im-médiatement une rente viagère sur une ou plusieurs têtes, avec reversion de partie ou totalité au profit du survivant.

Il est accordé aux personnes qui auront fait des assurances de l'espèce de celles défi-nies dans les articles I et III, une participa-tion dans les bénéfices de la Compagnie ; leur quote-part sera de quinze pour cent au moins, et de vingt-cinq pour cent au plus des bénéfices nets résultant de l'ensemble des opérations ; elle sera déterminée d'a-vance dans les polices.

La répartition du montant des bénéfices attribués aux assurés sera faite entre eux en raison composée de la somme assurée, et du temps qu'aura duré l'assurance, laquelle devra être en vigueur depuis deux ans au moins à l'époque de la répartition.

La part de bénéfice revenant à l'assuré sera employée à son choix, soit à augmenter le ca-pital assuré, soit à réduire la prime qu'il est tenu d'acquitter. L'assuré a la faculté de renoncer à la participation dans les bénéfices dont il vient d'être parlé, et, dans ce cas, il obtient en échange une réduction dans la prime, laquelle réduction sera déterminée par le conseil d'Administration.

Le capital de la Société est fixé à dix millions de francs, et divisé en 2,000 actions de 5,000 fr. chacune. Les actionnaires souscrivent l'obligation de verser, s'il y a lieu, jusqu'à concurrence du montant de leurs actions; l'obligation indique un domicile à Paris ; cette obligation est garantie pour chaque action, par le transfert, au nom de la Compagnie, de 50 fr. de rente 3 pour cent sur l'État.

Les actions sont représentées par une inscription nominative sur les registres de la Compagnie. Il est délivré à chaque actionnaire un certificat d'inscription signé par un Administrateur et le Directeur.

On ne peut être admis actionnaire qu'en vertu d'une délibération du conseil d'Administration prise au scrutin secret, et à la majorité des membres présens. Ne sont point

5

soumis à cette formalité, ceux qui transféreront ou déposeront des valeurs équivalentes au montant total de leurs actions.

La transmission des actions s'opère par voie de transfert, sur un registre tenu à cet effet au domicile de la Société; le transfert est signé par le cédant et accepté par le cessionnaire.

Chaque année, la situation de la Compagnie est arrêtée au 31 décembre. Le Conseil d'administration, d'après cet arrêté de situation, décide s'il y a lieu à une répartition de bénéfices et en fixe l'importance. En cas de répartition de bénéfices, il est fait un prélèvement de quinze pour cent au moins, et de vingt-cinq pour cent au plus, en faveur des assurés, ainsi que nous l'avons dit pag. 106. Il est fait un second prélèvement de quinze pour cent au moins, et de vingt-cinq pour cent au plus, pour être porté en réserve, en accroissement de capital. Le surplus est distribué aux actionnaires au prorata de leurs actions.

En cas de pertes qui absorberaient les bénéfices réservés, et entameraient le capital
de la Société, le Conseil d'administration est
tenu d'exiger, de la part des actionnaires,
un versement proportionnel égal au montant
du déficit, jusqu'à concurrence du montant
des actions, sur la notification de l'arrêté
de la contribution déterminée par le Conseil. Les actionnaires sont tenus d'effectuer,
dans les dix jours, le versement demandé (1).

ACTIONS DE LA COMPAGNIE DU SOLEIL.

(Branche contre l'Incendie.)

Le fonds capital de la Compagnie du
Soleil est de 6,000,000 fr., représentés
par 1,000 actions de 6,000 fr. chacune,
divisibles en coupons au porteur de 1,000 fr.

Le propriétaire d'une action de 6,000 fr.
ne verse rien en argent ; mais il fournit une
garantie de 45 fr. de rente sur l'État, en

---

(1) Ordonnance du Roi, du 21 juin 1829.—Acte
passé les 13, 14, 15 et 16 juin 1829, pardevant
M⁰ˢ. Vavin et son collègue, notaires à Paris.

trois, quatre ou cinq pour cent à son choix ; ou bien , l'équivalent en actions de la Banque de France , et il participe aux bénéfices à raison de 6,000 fr.

Les arrérages ou dividendes des titres fournis en garantie, sont perçus par la Compagnie au profit de ceux qui les ont transmis, et ces arrérages ou dividendes leur sont payés immédiatement.

Pour avoir des actions au porteur , il faut verser 1,000 fr. par chaque coupon , ou 6,000 fr. par action.

Les fonds versés produisent cinq pour cent d'intérêt par an, outre les bénéfices.

Ainsi, les personnes qui possèdent des rentes sur l'État ou des actions de la Banque de France, peuvent être actionnaires de la Compagnie du Soleil , sans déplacer leurs capitaux ; et celles qui ont des fonds disponibles peuvent les utiliser avec avantage en prenant des coupons au porteur (1).

(1) Ordonnance royale du 16 décembre 1829.— Statuts de ladite Compagnie.

Les bureaux de la Compagnie sont établis rue du Helder, n°. 13.

ACTIONS DE LA COMPAGNIE DES SALINES ET MINES DE SEL DE L'EST.

Cette Compagnie exploite en communauté d'intérêts avec l'État, les salines de Dieuze et Moyenvic, département de la Meurthe ; d'Arc, département du Doubs ; de Salins et Montmorot, département du Jura ; la mine de sel gemme de Vic ; celles qui pourront être découvertes dans les dix départemens ci-dessus dénommés ; les fabriques de soude et autres produits chimiques déjà existantes dans ces établissemens, et celles qu'elle pourrait créer par la suite. Elle traite aussi de la fourniture du sel, tant à l'intérieur qu'à l'étranger.

Le capital de la société est fixé à 10,000,000 de francs, divisés en 2,000 actions de 5,000 fr. chacune. Ces 2,000 actions composent dix séries, marquées de A à K, chacune de 200 actions, numérotées de 1 à 200.

Les actions sont stipulées à ordre et sont transmissibles par endossement : cet endossement fait passer à l'acquéreur ou à l'ayant-droit la propriété de l'action ou des actions ; mais le transfert n'a d'effet envers la Compagnie, et le nouveau propriétaire ne peut exercer les droits d'actionnaire qu'après que l'endossement a été visé au comité d'administration, et transcrit sur un registre tenu à cet effet.

Les bénéfices nets de toute origine et de toute nature produits par les opérations de la Compagnie, y compris les intérêts des cautionnemens, sont partagés dans la proportion déterminée par l'adjudication entre l'État et les actionnaires, savoir :

59 centimes par franc pour l'État,

41 centimes par franc pour la Compagnie.

Sera considéré comme bénéfice net à partager entre l'État et la Compagnie la somme restant libre après prélèvement :

1°. De la somme de 1,800,000 fr., formant le prix du bail, et stipulée invariablement au profit de l'État, quel que soit le résultat des opérations de la Compagnie ;

2°. De toutes dépenses d'exploitation , d'administration et de conservation ;

3°. D'une somme de 400,000 fr., allouée par l'État, et par abonnement, pendant toute la durée du bail, pour les intérêts annuels, au taux de 4 pour cent du fonds social de 10,000,000 fr.

Ces actions doivent être remboursées par série, et l'intérêt des actions remboursées doit être prélevé comme pour les actions non éteintes , et ajouté au fonds d'Amortissement (1).

L'agence de la Compagnie est établie à Paris, rue du Sentier, n°. 19.

Actions de la Compagnie anonyme des Mines, Forges et Fonderies du Creusot et de Charenton.

Le fonds social est fixé à 10,400,000 fr. ,

_____

(1) Loi du 6 avril 1825.—Ordonn. du Roi, du 15 septembre 1825.—Statuts de ladite Compagnie.

représentés par 2,600 actions de 4,000 fr. chacune.

Chaque action de capital donne droit, jusqu'à due concurrence, 1º. à la propriété de la concession de la mine de houille du Creuzot, dont la valeur n'est pas comprise dans les estimations faites par ordre du Gouvernement ; 2º. au fonds social ; 3º. et aux bénéfices nets déterminés en raison du nombre des actions émises.

Outre les actions de capital, il y a une série de 250 actions, dites d'industrie, à laquelle est dévolu le quart des bénéfices de la Société ; en sorte que chacune d'elles donne droit à un deux cent cinquantième dans le quart de ces bénéfices.

Les actions sont nominatives ou au porteur, à la volonté de leurs propriétaires ; elles peuvent être converties de l'une de ces formes dans l'autre.

Les bureaux de la Compagnie sont établis à Paris, rue Chantereine, nº. 33.

Actions de la Compagnie du chemin de fer de la Loire.

Il s'est formé une Société anonyme, avec l'approbation du Gouvernement, dans le but d'établir un chemin de fer d'Andrezieux à Roanne, latéralement à la Loire; communication destinée principalement à l'exploitation des houilles de Saint-Étienne.

Le fonds social se compose :

1°. De la concession du chemin de fer et de son droit d'exploitation, accordés à perpétuité par le Gouvernement à MM. Mellet et Henry, par suite de la soumission faite par eux, suivant le procès-verbal de l'adjudication, du 21 juillet 1828, dressé au ministère de l'intérieur, et de l'ordonnance royale de concession, du 27 août même année;

2°. D'une somme de 10,000,000 de fr., montant du devis de l'entreprise. Cette somme est représentée par des actions désignées sous le nom *d'actions de capital*, au nombre de 2,000.

Le montant des actions de capital s'effectue par dixième.

Le premier dixième a été versé au 1er. mai 1829; le deuxième, le 1er. octobre 1829, et ensuite, les 1er. avril et 1er. octobre de chaque année, jusqu'au 1er. octobre 1833 inclusivement.

Néanmoins, si l'assemblée générale reconnaît l'utilité, pour accélérer les travaux, d'autoriser la libération de tout ou partie des actions, elle a le droit d'en régler les conditions.

Les actions sont de deux espèces, et forment deux séries distinctes, les unes de capital, les autres d'industrie.

Les *actions de capital* représentent le fonds de 10,000,000 fr. à verser par les actionnaires; elles sont au nombre de 2,000, et de la valeur de 5,000 fr. chacune. Ces actions donnent droit à un intérêt de quatre pour cent par an, sur les bénéfices nets de l'entre-

prise. Toutefois il ne pourra jamais être prélevé sur le fonds de réserve destiné à l'entretien du chemin, et il sera réductible
même au-dessous de quatre pour cent, si les
bénéfices nets ne s'élevaient pas à ce taux.
Chaque action de capital a droit, en outre,
à la deux millième partie de la moitié de
l'excédant des bénéfices après le prélèvement
des intérêts.

L'autre moitié de l'excédant des bénéfices
nets de la Société est réservée aux *actions
d'industrie*, dont le nombre est fixé à 400.
Ces actions sont accordées jusqu'à concurrence de quinze pour cent de leur nombre à
MM. les fondateurs, et dans la proportion
du nombre des actions par eux souscrites,
comme prix de leur concours à la fondation de
l'entreprise. Le surplus des actions d'industrie
est dévolu à MM. Mellet et Henry, auteurs du
projet, en retour de là concession dont ils
font l'entier abandon à la Société, et à raison des dépenses qu'ils ont faites pour dres-
ser et faire adopter le projet du chemin de

fer, comme aussi pour prix des soins du temps et de l'industrie qu'ils s'engagent à donner à sa confection, sans autres honoraires ni émolumens, tant pour eux que pour l'ingénieur qu'ils doivent s'adjoindre.

Les *actions de capital* ne seront délivrées aux bailleurs de fonds qu'après qu'ils en auront versé entièrement le montant; en attendant, il leur a été délivré des promesses d'actions.

Les *actions d'industrie*, dévolues aux fondateurs, sont délivrables de suite; celles dévolues aux concessionnaires, ne leur seront délivrées qu'après l'achèvement du chemin de fer, sa réception et sa mise en perception.

Les actions de capital sont nominatives; elles pourront être au porteur, mais seulement après qu'elles auront été libérées.

Les actions de jouissance sont, au gré des propriétaires, nominatives ou au porteur (1).

_____

(1) Ordonnance du Roi, du 26 avril 1829. —

Le siége de la Société est établi à Paris,
rue Godot-de-Mauroi, n°. 22.

Les travaux ouverts sur tous les points
se poursuivent avec une telle activité qu'a-
vant deux ans et demi le chemin de fer
sera entièrement terminé, et livré au public en moins de trois mois. Les terrains
ont été acquis à l'amiable, sur les deux tiers
de la longueur totale. Le chemin est déjà
établi sur 8,000 mètres ou deux lieues de
longueur, et, dans toute cette étendue,
les raies sont posées et y servent au transport des charriots de terrassement. Les ro-
chers extraits forment un cube de 12,980
mètres, et les déblais au tare de 6,841.
Plusieurs ouvrages de maçonnerie sont déjà
terminés; enfin, il existe sur les chantiers
de grands approvisionnemens de pierres de
taille et de moellons, de dés en granit, de
bois, de fer, de raies, de coussinets en
fonte, etc. En songeant aux difficultés qui

Statuts de la Société du chemin de fer de la Loire.

sont inséparables de la mise en œuvre d'une aussi vaste opération , on pourrait s'étonner de voir tant d'ouvrages exécutés en aussi peu de temps, si l'on ne savait par expérience ce que peuvent les efforts de l'industrie particulière. Les travaux vont prendre un nouvel essor, maintenant que les projets de tracé des directeurs ont reçu la sanction de l'autorité supérieure.

Le chemin de fer de la Loire, d'une longueur à lui seul de 18 lieues, s'ajoutant à deux autres, celui de Saint-Étienne et Andrezieux , déjà construit et en activité, et celui de Lyon à Saint-Étienne, dont les travaux touchent à leur fin , et dont la partie comprise entre Rive-en-Gier et Givort, sera mise en perception dans quelques mois, ces trois chemins de fer présenteront une longueur non interrompue de trente-sept lieues de développement, et formeront un monument d'autant plus remarquable qu'il sera le plus important qui existe encore en ce genre, même en Angleterre, et pour la longueur et pour la grandeur, la hardiesse et la variété de ses ouvrages (1).

ACTIONS DE LA CAISSE HYPOTHÉCAIRE.

Le fonds social de la Caisse hypothécaire est fixé à *cinquante millions*, divisés en 50,000 actions de 1,000 fr. chacune. Les actions sont au *porteur*, ou *nominatives*, au choix de l'actionnaire.

Chaque actionnaire n'engage que la somme qu'il a promis de verser dans la Société. Tout appel de fonds au-delà du montant des actions est interdit.

La différence qui existe entre les droits payés par ceux qui empruntent à la Caisse hypothécaire, et le montant des primes affectées aux obligations (2) de la Caisse, le

---

(1) Rapport du Conseil d'administration du chemin de fer de la Loire d'Andrezieux à Roanne, présenté à l'assemblée générale des actionnaires, le 15 décembre 1829.

(2) Les *Obligations* sont la monnaie avec la-

produit de l'escompte de ses obligations, l'intérêt du placement des fonds oisifs, les primes d'assurances des contrats hypothé-caires, etc. , etc. , forment des bénéfices qui doivent mettre l'administration en état de payer aux actionnaires, après le pré-lèvement des frais, un dividende fixe de six pour cent par an, à raison des sommes versées ; d'ajouter à ce paiement un divi-dende supplémentaire proportionné à la nature et à l'étendue des opérations, et de faire une réserve en accroissement du fonds social.

Les bureaux de l'administration de la Caisse hypothécaire sont établis rue Neuve-Saint-Augustin , n°. 4.

Obligations de la Caisse hypothécaire.

La Caisse hypothécaire fournit le mon-tant capital des crédits qu'elle a ouverts en

---

quelle la Caisse hypothécaire paie les crédits qu'elle ouvre aux emprunteurs.

ses *obligations*, payables à raison d'un vingtième par chaque année. Il est attaché à ces obligations des *primes* depuis dix jusqu'à quatre-vingt-six pour cent, suivant celle des vingt années où le remboursement est effectué, conformément à des tirages annuels.

Les obligations offrent un placement de quatre pour cent, et même au-delà ; elles sont au porteur et chacune de la somme de 5oo fr. ; on en négocie à la Bourse par le ministère des agens-de-change, à tant pour cent d'escompte.

Les obligations sont le papier de crédit sur lequel reposent tous les avantages que l'agriculture et l'industrie doivent retirer de l'établissement de la Caisse hypothé-caire. Ces obligations sont un moyen de fixer, sur un signe représentatif et circulant, la valeur réelle des biens-fonds, avec tous les caractères et toutes les garanties de sa réalité.

Le remboursement exact des obligations

5...

est garanti par le fonds social , par la réserve et par la totalité des annuités dues conformément aux contrats en exécution desquels elles ont été créées.

La Caisse hypothécaire s'oblige à escompter ses obligations à présentation pendant les trois mois qui suivent la date de l'engagement qui a donné naissance à ses obligations. L'escompte a lieu à raison de demi pour cent pour chacune des vingt années. Les obligations qui ont un an de date sont reçues au pair (sans escompte) , en paiement des actions et des annuités (1).

ACTIONS DE LA SOCIÉTÉ DES PROPRIÉTAIRES DU THÉATRE ROYAL DE L'OPÉRA-COMIQUE.

L'objet de cette Société est la possession et la jouissance à titre de propriétaires :

1º. Des biens meubles et immeubles qui

---

(1) Actes publiés en date des 22 juin 1818 et 2 juin 1820. — Ordonnance du Roi, du 12 juillet 1820.

ont été vendus par la maison du Roi, c'est-
à-dire, le théâtre nouvellement construit
sur l'emplacement de l'ancien hôtel des finances, rue Neuve-des-Petits-Champs, en
face celle Ventadour; le magasin de décorations placé à gauche du théâtre, et
la maison située dans le passage Choiseul,
n°. 31;

2°. Le mobilier théâtral comprenant les
décorations, les costumes et les autres objets servant actuellement à l'exploitation du
théâtre royal de l'Opéra-Comique; enfin la
bibliothèque théâtrale.

Et par suite la perception de tous les
loyers, produits et avantages résultant, au
profit des propriétaires de ces biens,
du bail fait à M. Ducis (1), directeur pri-
vilégié pendant trente années, du théâtre
royal de l'Opéra-Comique, ainsi que du bail
de six loges fait à la maison du Roi. Toute
opération qui sortirait de ces limites est

_____

(1) Les 13 et 14 février 1829.

formellement interdite à la Société; notamment elle ne pourra, dans aucun cas, exploiter le théâtre pour son compte.

Le fonds social, fixé à la somme de 3,100,000 fr., est divisé en trois cent dix parts ou trois cent dix actions de 10,000 fr. chacune. Ces actions sont à volonté ou au porteur, ou nominatives; elles produisent cinq pour cent d'intérêt annuel de leur capital nominal. Cet intérêt est payable par trimestre, les 15 janvier, avril, juillet et octobre de chaque année.

Toute action donne droit à une entrée, et, en outre, à un trois cent dixième de l'avoir social et des bénéfices qui peuvent en résulter.

La durée de la Société est de trente années, à partir du 1er. avril 1829; son domicile est fixé en la demeure de M. Cailloüé, administrateur de la Société, dont les bureaux sont établis rue Neuve-Saint-Augustin, no. 15 *bis* (1).

(1) Acte passé pardevant MMes. Hailig et Brian, notaires royaux, le 23 mars 1829.

Caisse des dépôts et consignations.

La Caisse des dépôts et consignations, qu'il ne faut point confondre avec la Caisse d'amortissement, offre aux capitalistes des avantages qu'il entre dans notre plan de faire connaître.

Cette Caisse n'a pas été établie que pour les départemens, les communes et les établissemens publics; elle est encore autorisée à recevoir les dépôts volontaires et particuliers qui sont faits à Paris, en monnaie ayant cours, ou en billets de la Banque de France.

La Caisse et ses préposés ne peuvent, sous aucun prétexte, exiger de droit de garde, ni aucune rétribution, sous quelque dénomination que ce soit, tant lors du dépôt que lors de sa restitution.

Les sommes déposées portent intérêt à trois pour cent, pourvu qu'elles soient restées à la Caisse trente jours. Si elles sont retirées avant ce temps, la Caisse ne paie aucun intérêt. Le dépôt est rendu à celui qui l'a fait, à son fondé de pouvoirs ou ses ayant-cause, à l'époque convenue par l'acte de dépôt, et s'il n'en a pas été convenu, à simple présentation. Ceux qui retirent ainsi leurs fonds ne sont soumis à aucune autre condition que celle de remettre la reconnaissance de la Caisse et de signer leur quittance (1).

AGENS-DE-CHANGE

près la Bourse de Paris.

Les Agens-de-change (2) ont seuls le droit de faire les négociations d'effets publics et autres susceptibles d'être cotés, soit au comptant, soit à terme. Il est défendu, sous peine d'une amende qui sera au plus du

---

(1) Loi du 28 avril 1816.—Ordonnance du Roi, du 3 juillet 1816.

(2) Loi du 28 ventôse an IX. — Code de commerce, §. 76. — Ordonnance du Roi, du 29 mai 1816.

sixième du cautionnement des agens-de-change, et au moins du douzième, à tous individus autres que ceux nommés par le Gouvernement, d'exercer les fonctions d'agens-de-change (1).

Le nombre des agens-de-change près la Bourse de Paris est fixé irrévocablement à soixante (2).

Chaque agent-de-change est tenu de verser à la Caisse des dépôts et consignations un cautionnement de la somme de 125,000 fr. (3).

Ce cautionnement est spécialement affecté à la garantie des condamnations qui

(1) Titre 2 , art. 8, de la loi du 28 ventôse an IX.

(2) Édit de janvier 1723. — Arrêt du 24 septembre 1724. — Arrêt du 10 septembre 1786. — Lettres-patentes du 4 novembre 1786. — Ordonnance du Roi, du 29 mai 1816.

(3) Art. 90 de la loi du 28 avril 1816. — Ordonnances du Roi, des 1er. mai 1816 et 9 janvier 1818.

peuvent être prononcées contre eux par suite de l'exercice de leurs fonctions (1).

Les agens-de-change, devant se faire remettre par leurs cliens les nantissemens nécessaires pour assurer la livraison ou le paiement des effets qu'ils auront vendus ou achetés, soit au comptant, soit à terme, sont personnellement responsables de leurs opérations envers leurs collègues, de même qu'ils ne peuvent, dans aucun cas, et sous aucun prétexte, se rendre garans de leurs collègues envers leurs cliens (2).

Le tarif des droits de courtage attribués aux agens-de-change ayant été arrêté par le Tribunal de commerce, suivant son arrêté du 26 messidor an IX (3), les agens-

(1) Art. 11 et 12 de l'arrêté du 29 germinal an IX.

(2) Art. 86 et 87 du Code de commerce. — Art. 2 de l'arrêté du 12 janvier 1819, de la chambre syndicale des agens-de-change.

(3) En exécution de l'arrêté du 27 prairial an X.

de-change ont le droit de percevoir depuis un huitième jusqu'à un quart pour cent, pour chaque opération au comptant ou à terme.

Les agens-de-change gardent un secret inviolable aux personnes qui les chargent de négociations, à moins que les parties ne consentent à être nommées, ou que la nature de l'opération ne l'exige.

Les agens-de-change ont une Chambre syndicale composée d'un syndic et de six adjoints. Chaque année, dans le mois de décembre, la Compagnie assemblée procède, à la majorité absolue des suffrages, et au scrutin secret, à l'élection des membres de la Chambre syndicale.

La Chambre syndicale ayant sur les membres de la Compagnie la surveillance et l'autorité d'une chambre de discipline, conformément à l'ordonnance du 29 mai 1816, elle est chargée de surveiller avec la plus grande attention la manière dont chaque agent-de-change traite les affaires. En con-

6

séquence, elle censure, elle suspend de ses
fonctions ou provoque la destitution de
tout agent-de-change qui ne se renferme
pas strictement dans les limites légales de
ses fonctions, ou qui introduit dans ses
opérations ou dans le prélèvement de ses
droits, des innovations nuisibles aux intérêts du public ou de la Compagnie; et
comme les cas ne peuvent être prévus ni
définis, la Chambre syndicale est investie
sur ce point d'un pouvoir discrétionnaire,
qu'elle emploie à défendre l'intérêt général
contre les atteintes d'un intérêt particulier
mal entendu.

SECONDE PARTIE.

FONDS PUBLICS ÉTRANGERS.

Avant de parler des fonds publics étrangers, nous croyons devoir rappeler que l'une des conditions de l'ordonnance royale du 12 novembre 1823, porte : que la permission de coter à la Bourse de Paris les effets publics des emprunts étrangers, n'implique de la part du Gouvernement du Roi, ni approbation desdits emprunts, ni obligation d'intervenir en faveur des sujets français qui, de leur plein gré, y placeraient leurs capitaux.

6..

RENTES DE NAPLES.

(Certificats Falconnet et compagnie.)

Les inscriptions au Grand-Livre du royaume de Naples sont nominales ; mais pour faciliter en Europe la circulation de ces rentes, et éviter d'envoyer à Naples les inscriptions vendues, pour en opérer le transfert au nom des nouveaux propriétaires, MM. Falconnet et compagnie, à Naples, émettent des certificats au porteur de rente napolitaine, contre la même valeur en rente déposée à la direction du Grand-Livre de ce royaume.

Chacun de ces certificats porte l'attestation qu'il fait partie d'une inscription au Grand-Livre, qui ne pourra être transférée que sur la présentation et l'annulation dudit certificat ; ladite attestation est signée par le liquidateur-général et le directeur du Grand-Livre à Naples.

Les certificats de rente de Naples, *au por-*

teur, émis par **MM**. Falconnet et compagnie, sont chacun de 25 ducats (1) de rente (2); à chacun d'eux se trouve joint une feuille de quatorze coupons d'intérêt, avec un reçu à l'effet d'en obtenir de nouveaux pour les échéances successives; ces coupons d'intérêt sont payés tous les six mois, au 1er. janvier et au 1er. juillet de chaque année, par **MM**. Falconnet et compagnie, à Naples, sans aucune retenue. A Paris, **MM**. de Rothschild frères paient, à bureau ouvert, les coupons échus, moyennant une retenue conforme au cours du change à l'époque de l'échéance du semestre (3); ils se chargent aussi de fournir des

---

(1) Ce qui, au prix de 4 fr. 40 cent. par ducat, représente 110 fr. de rente.

(2) Il y en a aussi de 500 ducats, mais peu; ces derniers se négocient à un prix moindre que les certificats de 25 ducats.

(3) Ordinairement la négociation s'en fait à 20 centimes au-dessous du change, à trois mois.

certificats garnis de quatorze coupons d'intérêt, contre d'autres qui en sont dépourvus,
moyennant une rétribution de 3 fr. par
chaque certificat de 25 ducats de rente.

Les certificats de rente au porteur, de
MM. Falconnet et compagnie, sont susceptibles d'être convertis en inscriptions au
Grand-Livre à Naples, au nom du propriétaire ou au nom des personnes par lui désignées, en faisant représenter le titre à
l'administration des rentes du royaume, par
une personne connue à Naples, rapportant
les coupons d'intérêt non échus, avec le
reçu destiné à se procurer de nouveaux coupons, après l'échéance de ceux délivrés
primitivement, et en se soumettant d'ailleurs au mode de transfert qui est en usage
à la direction du Grand-Livre de ce
royaume.

Sur le cours de la Bourse, pour coter les
rentes de Naples, certificats Falconnet et
compagnie, on prend le prix de 5 ducats de
rente; ainsi, quand la rente est cotée 92.50,

cela veut dire que 5 ducats de rente coûtent 92 1/2 ducats.

Pour les négociations de rente de Naples, certificats Falconnet et compagnie,
qui se font à la Bourse, soit au comptant,
soit à terme, il faut que chaque certificat
soit muni au moins d'un coupon d'intérêt (1).

Dans les livraisons de rente de Naples,
certificats Falconnet et compagnie, il faut
avoir grand soin de vérifier si les numéros
des coupons sont conformes aux numéros des
certificats ; car, quand ils ne sont pas semblables, la négociation en devient impossible, attendu qu'elle est refusée par les
agens-de-change comme irrégulière ; les
certificats, ainsi dépareillés, sont nommés
certificats boiteux.

---

(1) Art. 2 de l'arrêté de la Chambre syndicale
des agens-de-change, du 12 octobre 1822.

Règle pour évaluer en francs le montant d'une quantité quelconque de rente de Naples, certificats Falconnet et compagnie, d'après le prix porté sur le cours de la Bourse.

Dites : 5 est au prix porté sur le cours de la Bourse comme le nombre de ducats de rentes multipliés par 4 fr. 40 cent. (1) est au capital cherché.

EXEMPLE.

Soit $\left\{\begin{array}{l} \text{500 ducats la quantité de rentes,} \\ \text{92 fr. 75 c. le prix,} \end{array}\right.$

On aura la proportion :

$$5 : 92.75 :: 500 \times 4.40 : x = \frac{500 \times 4.40 \times 92.75}{5}$$

$$= \frac{204050}{5} = 40,810 \text{ fr.}$$

D'où l'on peut déduire cette règle gé-

_____

(1) Le ducat est toujours évalué au change fixe de 4 fr. 40 cent.

nérale : multipliez le nombre de ducats donné par 4 fr. 40 cent. , puis par le prix porté sur le cours de la Bourse , et divisez le produit par 5.

Règle pour connaître l'intérêt pour cent l'an, que rapportent les rentes de Naples, certificats Falconnet et compagnie, d'après le prix porté sur le cours de la Bourse.

Dites : le prix porté sur le cours de la Bourse est à 100 comme 5 est au taux de l'intérêt cherché.

EXEMPLE.

Soit 92 le prix,

On aura la proportion :

$$92 : 100 :: 5 : x = \frac{500}{92} = 5.44 = 5\tfrac{11}{25}.$$

Ainsi les rentes de Naples, au cours de 92, produiront $5\tfrac{11}{25}$ d'intérêt pour cent l'an.

De la proportion ci-dessus on peut déduire la règle générale suivante : divisez 5oo par le prix porté sur le cours de la Bourse.

Il faut avoir égard ici à la perte ou au bénéfice qu'on peut faire sur le cours du ducat, en sorte qu'on ne peut avoir que l'intérêt approximatif, et non l'intérêt exact des rentes de Naples, pour une époque quelconque, puisque cet intérêt dépend non seulement du prix de la rente, mais encore du cours du change au moment où l'on touche les coupons d'intérêt.

OBLIGATIONS DE SICILE,

DE 400 ONCES (*soit* 1,200 *ducats*).

Le roi des Deux-Siciles a, par son décret du 26 mai 1821, séparé les finances de la Sicile de celles du royaume de Naples; c'est ce qui a donné lieu à la création de 3,750 obligations, de Sicile au porteur, de chacune 400 onces (soit 1,200

TABLEAU des Tirages au sort et des Remboursemens des Obligations de Sicile, de 1200 ducats chaque.

ÉPOQUES		NOMBRE des Obligations de 400 onces tirées et remboursées.	ÉPOQUES		NOMBRE des Obligations de 400 Onces tirées et remboursées.	ÉPOQUES		NOMBRE des Obligations de 400 Onces tirées et remboursées.
des TIRAGES.	des REMBOURSEMENS.		des TIRAGES.	des REMBOURSEMENS.		des TIRAGES.	des REMBOURSEMENS.	
					Rep. 490			*Rep.* 1,427
1er Janv. 1823	1er Juill. 1823	31	1er Janv. 1829	1er Juill. 1829	78	1er Janv. 1835	1er Juill. 1835	192
1er Juill. »	1er Janv. 1824	32	1er Juill. »	1er Janv. 1830	40	1er Juill. »	1er Janv. 1836	39
1er Janv. 1824	1er Juill. »	33	1er Janv. 1830	1er Juill. »	87	1er Janv. 1836	1er Juill. »	265
1er Juill. »	1er Janv. 1825	33	1er Juill. »	1er Janv. 1831	41	1er Juill. »	1er Janv. 1837	36
1er Janv. 1825	1er Juill. »	35	1er Janv. 1831	1er Juill. »	95	1er Janv. 1837	1er Juill. »	336
1er Juill. »	1er Janv. 1826	35	1er Juill. »	1er Janv. 1832	42	1er Juill. »	1er Janv. 1838	30
1er Janv. 1826	1er Juill. »	51	1er Janv. 1832	1er Juill. »	118	1er Janv. 1838	1er Juill. »	406
1er Juill. »	1er Janv. 1827	37	1er Juill. »	1er Janv. 1833	42	1er Juill. »	1er Janv. 1839	22
1er Janv. 1827	1er Juill. »	57	1er Janv. 1833	1er Juill. »	143	1er Janv. 1839	1er Juill. »	473
1er Juill. »	1er Janv. 1828	38	1er Juill. »	1er Janv. 1834	42	1er Juill. »	1er Janv. 1840	12
1er Janv. 1828	1er Juill. »	69	1er Janv. 1834	1er Juill. »	168	1er Janv. 1840	1er Juill. »	512
1er Juill. »	1er Janv. 1829	39	1er Juill. »	1er Janv. 1835	41			
		490			1,427			TOTAL 3,750

JACQUES BRESSON, *Des Fonds publics*, sixième édition, page 141.

ducats (1), remboursables progressivement et intégralement chaque semestre, en dix-sept ans et demi, à partir du 1er. janvier 1823, jusque et compris le 1er. janvier 1840, conformément au tableau ci-annexé.

Il est fait chaque semestre un tirage des obligations à rembourser dans le semestre suivant. Ces tirages s'effectuent publiquement en présence du directeur des secré-taireries royales d'État pour les affaires de Sicile.

Ces obligations portent cinq pour cent d'intérêt fixe de leur valeur nominale; les coupons qui entourent chaque obligation, se détachent tous les six mois, au 1er. jan-vier et au 1er. juillet.

Le paiement des intérêts et le rembour-sement du capital sont garantis par une hypothèque générale et spéciale, sur tous les biens-fonds que possède la Sicile, et par

_____

(1) Ce qui, au change de 4 fr. 40 cent. par ducat, fait 5,280 fr. pour une obligation.

un privilége sur toutes les contributions directes et indirectes de ce royaume. En vertu de ce privilége, les obligations, ainsi que leurs coupons d'intérêt, quoique payables à Naples, sont, sur un simple visa à Naples, reçus, à l'échéance, comme argent comptant dans toutes les caisses publiques de la Sicile (1).

OBLIGATIONS DE SICILE,

DE 200 ONCES (*soit* 600 *ducats*).

En vertu d'un contrat passé à Naples (2), le 30 juin 1824, au nom du Gouvernement de Sicile, d'ordre et avec l'approbation du Roi de Naples, entre M. le duc de Gualtieri, ministre secrétaire-d'État pour les affaires de Sicile, et MM. Falconnet et compagnie, il a été émis un emprunt de 1,714 obligations de Sicile, de chacune

---

(1) Acte du 23 février 1822.

(2) Pardevant Me. Gabriel-Marie Ferraro, notaire certificateur.

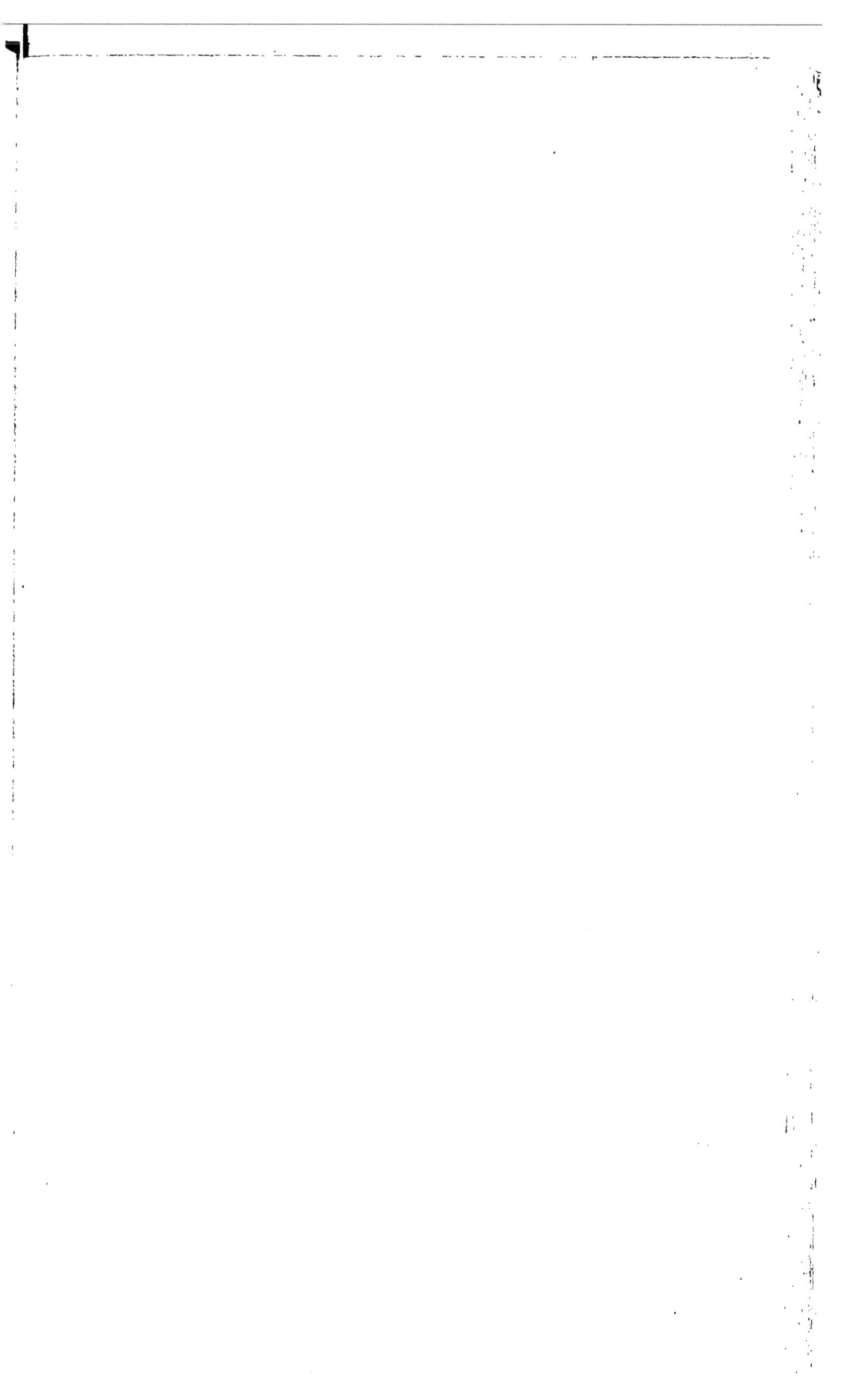

TABLEAU des Tirages au sort et des Remboursemens des Obligations de Sicile , de 600 Ducats chaque.

ÉPOQUES des TIRAGES.	des REMBOURS.	NOMBRE des obligations de 200 onces tirées et remboursées.	ÉPOQUES des TIRAGES.	des REMBOURS.	NOMBRE des obligations de 200 onces tirées et remboursées.	ÉPOQUES des TIRAGES.	des REMBOURS.	NOMBRE des obligations de 200 onces tirées et remboursées.	ÉPOQUES des TIRAGES.	des REMBOURS.	NOMBRE des obligations de 200 onces tirées et remboursées.
1825	1826		1832	1832	Rep. 197	1835	1836	Rep. 1127	1840	1841	Rep. 1647
3 Juill.	1er Janv.	 21	4 Janv.	1er Juill.	 69	3 Juill.	1er Janv.	 151	3 Juill.	1er Janv.	... 17
1826	1827		1832	1833		1836	1836		1841	1842	
3 Juill.	1er Janv.	 20	3 Juill.	1er Janv.	 136	4 Janv.	1er Juill.	 150	5 Juill.	1er Janv.	 17
1827	1828		1833	1833		1836	1837		1842	1843	
3 Juill.	1er Janv.	 21	4 Janv.	1er Juill.	 135	3 Juill.	1er Janv.	 84	3 Juill.	1er Janv.	 16
1828	1829		1833	1834		1837	1837		1843	1844	
3 Juill.	1er Janv.	 21	3 Juill.	1er Janv.	 144	4 Janv.	1er Juill	 84	3 Juill.	1er Janv.	 17
1829	1830		1834	1834		1837	1838				
3 Juill.	1er Janv.	 21	4 Janv.	1er Juill.	 143	3 Juill.	1er Janv.	 17			
1830	1831		1834	1835		1838	1839				
3 Juill.	1er Janv.	 22	3 Juill.	1er Janv.	 152	3 Juill.	1er Janv.	 17			
1831	1832		1835	1835		1839	1840				
3 Juill.	1er Janv.	 71	4 Janv.	1er Juill.	 151	3 Juill.	1er Janv.	 17			
		197			 1127			1647			1714

JACQUES BRESSON. Des Fonds publics , sixième édition , page 143.

200 onces (soit 600 ducats) de capital nominal (1).

Ces obligations sont au porteur, et entourées de coupons d'intérêt de chacun 15 ducats, ce qui donne un intérêt annuel de cinq pour cent, payé par semestre au 1er. janvier et au 1er. juillet de chaque année. Elles sont remboursables en 25 tirages au sort, faits publiquement à Naples, suivant le tableau ci-joint.

Cet emprunt est garanti par la haute et souveraine promesse de S. M. le Roi de Naples, par l'engagement général de toutes les rentes destinées à la construction et à l'entretien des routes de la Sicile, auxquels le produit de l'émission de ces obligations doit être employé.

En langage de Bourse, on nomme les obligations de Sicile de 600 ducats *petites obligations de Sicile*, pour les distinguer

---

(1) Ce qui, au pair de 4 fr. 40 cent. par ducat, présente un capital de 2,640 fr.

de celles de 1,200 ducats, qu'on appelle *grandes obligations de Sicile.*

*Règle pour évaluer **en francs** le montant d'une obligation de Sicile d'après le prix porté sur le cours de la Bourse.*

Si l'obligation est de 1,200 ducats de capital,

Dites : 100 est au prix porté sur le cours de la Bourse comme 1,200 multiplié par 4 fr. 40 cent. (1) est au capital cherché.

EXEMPLE :

Soit 96 le prix,

On aura la proportion :

$$100 : 96 :: 1200 \times 4.40 : x = \frac{96 \times 1200 \times 4.40}{100}$$

$$= \frac{96 \times 5280}{100} = 5,068 \text{ fr. } 80 \text{ c.}$$

Ainsi une obligation de Sicile de 1,200

---

(1) Prix d'un ducat au pair de 4 fr. 40 cent.

ducats de capital, au cours de 96 fr., coûte 5,068 fr. 80 cent.; connaissant le montant d'une obligation, il sera ensuite facile de calculer le montant d'un nombre quelconque d'obligations de Sicile.

De la proportion précédente et des calculs qui en résultent, on peut conclure la règle générale suivante: pour connaître le montant d'une obligation de Sicile de 1,200 ducats de capital, d'après le prix porté sur le cours de la Bourse, multipliez 5,280 par le prix porté sur la cote de la Bourse, et divisez le produit par 100.

Il sera ensuite facile d'appliquer cette règle aux petites obligations de Sicile de 600 ducats de capital.

EMPRUNT ROYAL D'ESPAGNE DE 1823.

L'emprunt royal d'Espagne, contracté en 1823 par la Régence, reconnu et approuvé par le Roi, était de 16,700,000 piastres capital, représentant en francs, à raison de

5 fr. 40 cent. la piastre, un capital nominal
de 90,180,000 fr.

Les valeurs émises pour cet emprunt sont
83,500 obligations de 200 piastres chaque,
en capital, donnant 10 piastres de rente.

Cet emprunt est remboursable en vingt
années et par séries. La première année de
remboursement commença la deuxième de
l'émission.

Les obligations numérotées de 1 jusqu'à
83,500, portent l'indication de la série à
laquelle elles appartiennent.

Les époques du tirage pour le remboursement ont été fixées, au plus tard, au 30
avril de chaque année, et le paiement se fait
à dater du 1er. juillet suivant. Ce tirage se
fait publiquement à Paris, dans la salle
de la loterie royale de France.

Le 1er. tirage a eu lieu le 24 février 1825. Série sortie 16me.
Le 2me. —— Do. —— 14 avril 1826. — Do. — 9me.
Le 3me. —— Do. —— 30 Do. 1827. — Do. — 18me.
Le 4me. —— Do. —— 30 Do. 1828. — Do. — 19me.
Le 5me. —— Do. —— 30 Do. 1829. — Do. — 8me.

Chaque série contenant 4,175 obligations, les cinq séries remboursées jusqu'au
31 décembre 1829, donnent un nombre
d'obligations remboursées de 20,875.

Il a été racheté au profit de la Caisse
d'amortissement, deux mille deux cent
vingt-cinq obligations, ci. . 2,225 oblig.

Par un décret de S. M.
Catholique, du 15 décembre
1825, qui donne faculté aux
porteurs d'obligations de les
échanger contre de la rente
perpétuelle, il a été échangé. 274
                                  —————
                               2,499 oblig.

Mais il faut déduire de ce
nombre les obligations appartenant aux séries rem-
boursées, ci. 441
                                  —————
Reste seulement   2,058 oblig.
qui, ajoutées au 20,875 remboursées par tirages, ci. . . . 20,875
                                  —————
Présentent un total de . . 22,933, pour
                                6...

les obligations remboursées, rachetées et échangées au 31 décembre 1829, qui, étant distrait des 83,500 obligations émises, ne laisse plus en circulation au 1er. janvier 1830 que 60,567 obligations représentant un capital nominal en piastres, de 12,113,400, et en francs, de 65,412,360.

Ces obligations sont au porteur (1), garnies de coupons d'intérêt portant cinq pour cent, payables par semestre au 1er. janvier et au 1er. juillet de chaque année, sans aucune retenue, chez M. A. Aguado, banquier de la cour d'Espagne, rue Lepelletier, no. 14.

Les obligations échues par la voie du sort pour être remboursées sont payables intégralement, et aussi sans aucune retenue, chez M. A. Aguado.

_____

(1) Actes des 16 juillet et 20 septembre 1823.

Règle pour évaluer en francs le montant d'une obligation de l'emprunt royal d'Espagne, d'après le prix porté sur le cours de la Bourse.

Etablissez la proportion : 100 est au prix porté sur le cours de la Bourse, comme 200 (1), multiplié par 5 fr. 40 cent. (2), est au capital cherché.

EXEMPLE.

Soit 83 le prix;

On aura la proportion :

$$100 : 83 :: 200 \times 5.40 : x = \frac{200 \times 5.40 \times 83}{100} = \frac{1080 \times 85}{100}$$

$$= 896 \text{ fr. } 40 \text{ cent. résultat cherché.}$$

De là on peut déduire la règle générale suivante : multipliez 108 par le prix porté

---

(1) 200 Piastres, valeur d'une obligation de l'emprunt royal.

(2) On prend toujours pour base la piastre, au change de 5 fr. 40 cent.

sur le cours de la Bourse, et divisez le produit par 100.

RENTE PERPÉTUELLE D'ESPAGNE.

Par décret de S. M. le Roi d'Espagne, du 8 mars 1824, il a été ouvert un crédit en rente perpétuelle de 800,000,000 de réaux, capital nominal, ou 2,000,000 piastres de rentes, représentant, en francs, à raison de 5 fr. 40 cent. la piastre, un capital nominal de 216,000,000 fr.

Le même décret fixe à *un pour cent* l'Amortissement sur le capital nominal de la portion qui sera négociée.

En suite des autorisations particulières de S. M. pour l'emploi et la négociation d'un partie de ce crédit : 1°. Il a été employé à la conversion de 274 obligations de l'emprunt royal, avec la prime de cinq pour cent accordée par décret du 15 décembre 1825, aux porteurs d'obligations qui ont converti, ci. . .   2,877 piast. de rentes.

2°. Il a été né-
gocié depuis 1825
jusqu'au 19 oc-
tobre 1829 , en
vertu de 5 ordon-
nances (1). . . . 1,263,623   *dito*.
_____

Total. . 1,266,500 piast. de rentes

émises au 19 octobre 1829, représentant,
en francs , à raison de 5 fr. 40 cent. la
piastre, une rente annuelle de 6,839,100 fr.,
et en capital nominal 136,782,000 fr.

L'Amortissement de *un* pour cent sur le
capital fixé par S. M. pour les 1,263,623
piastres de rentes, négocié de 1826 au 19
octobre 1829, et augmenté de l'intérêt pro-
gressif des rentes rachetées, établi au 1er.

_____

(1) Ordonnances des 23 août 1826. — 16 Juin
1827. — 21 Juin 1827. — 2 Juin 1828. — 1er. Octobre 1828.

octobre 1829, donne   2,377,843 fr. 90 c.

Sur cette somme, il a été employé en rachats à la Bourse de Paris, jusqu'au 5 octobre 1829.   2,085,426   87

Il restait à employer jusqu'au 1er. octobre,   292,417 fr. 03 c.

La totalité des rentes rachetées jusqu'au 5 septembre 1829, s'élevait au cours moyen de 49.702 millièmes à 38,850 piastres.

Le montant des rentes émises au 5 septembre, étant de 1,266,500 piast. de rentes et celles rachetées à la même époque de.   38,850   *dito*.

Il restait alors en circulation. . . 1,227,650 piast. de rentes.

L'Amortissement, à dater du 1er. janvier 1830, doit être annuellement de 253,300 piastres représentant en francs 1,367,820 fr. Cette somme augmentée du montant de la rente rachetée, qui doit également profiter à l'Amortissement, démontre qu'on peut évaluer à 5,000 fr. la somme qui est, chaque jour de Bourse, employée, pendant l'année 1830, au rachat de l'Amortissement.

Ces rachats continuent à être faits par tous les agens-de-change près la Bourse de Paris, et chacun pendant une semaine, à tour de rôle. Les coupons de rentes rachetées sont timbrés du mot *amorti* par l'agent-de-change lui-même (1).

Les rentes perpétuelles d'Espagne produisent cinq pour cent d'intérêt, de valeur nominale ; elles sont divisées en coupons au porteur, de 10, 25, 40, 50 et 100 piastres

---

(1) Documens officiels communiqués par S. Exc. M. le comte d'Offalia, ambassadeur de S. M. C. — *Moniteur* du 1er. novembre 1829.

de rentes ; les titres sont libellés en rentes française et espagnole.

Chaque coupon de rente est entouré de coupons d'intérêt qui se détachent tous les six mois au 1er. janvier et au 1er. juillet de chaque année, et se paient à raison de 5 fr. 40 cent. la piastre sans aucune retenue, chez **M. A. Aguado**, banquier de la cour d'Espagne, rue Lepelletier, n°. 14.

Règle pour évaluer en francs le montant d'une quantité quelconque de rente perpétuelle d'Espagne cinq pour cent, d'après le prix porté sur le cours de la Bourse.

Dites : 5 est au prix porté sur le cours de la Bourse, comme le nombre de piastres de rentes, multiplié par 5 fr. 40 cent. (1) est au capital cherché.

_____

(1) La piastre étant toujours évaluée au change de 5 fr. 40 cent.

EXEMPLE :

Soit $\left\{ \begin{array}{l} \text{500 piastres la quantité de rentes,} \\ \text{63 fr. le prix;} \end{array} \right.$

On aura la proportion :

$$5:63::500 \times 5.40:x=\frac{500 \times 5.40 \times 63 = 170100}{5 \quad\quad 5}$$

$$= 54,020 \text{ fr.}$$

D'où l'on peut déduire cette règle générale : multipliez le nombre de piastres donné par 5 fr. 40 cent., puis par le prix porté sur le cours de la Bourse, et divisez le produit par 5.

RENTE D'ESPAGNE CINQ POUR CENT.

(*Création des Cortès.*)

Sous le Gouvernement des Cortès, des rentes cinq pour cent ont été créées, et émises sur la place de Paris, par coupures

7

au porteur, de 10, 20, 30, 40, 50 et 100
piastres de rentes ; le prix de la piastre forte
a été fixé, tant pour la vente que pour le
service des arrérages, à 5 fr. 40 cent. Les
coupons d'achats de ces rentes indiquent
qu'ils doivent être payés par semestre au 1er.
mai et au 1er. novembre ; mais il y a plusieurs années qu'ils n'ont été acquittés.

OBLIGATIONS MÉTALLIQUES D'AUTRICHE.

Les obligations métalliques d'Autriche
valent chacune 1,000 florins, et le florin
est évalué à la Bourse de Paris au change
fixe de 2 fr. 60 cent. par florin, ce qui fait
qu'une obligation métallique au pair vaut
2,600 fr.

Ces obligations sont au porteur, et garnies de coupons d'arrérages qui se détachent tous les six mois, et représentent un
intérêt qui varie suivant la création de
l'emprunt dont les obligations métalliques
font partie.

Les obligations métalliques d'Autriche

qui sont sur la place de Paris, proviennent des derniers emprunts; elles sont par coupons de 1,000 florins, et donnent cinq pour cent d'intérêt annuel, payable par semestre.

Règle pour évaluer en francs le montant d'une obligation métallique d'Autriche de 1,000 florins, intérêt à cinq pour cent, d'après le prix porté sur le cours de la Bourse.

EXEMPLE.

Soit 103 le prix,

On aura la proportion :

$$100 : 103 :: 1000 \times 2.60 : x = \frac{103 \times 1000 \times 2.60}{100}$$

$$= \frac{103 \times 2600}{100} = 2678 \text{ fr.}$$

A ces 2,678 fr., il faut ajouter l'intérêt à cinq pour cent depuis le premier jour

7..

de la jouissance du semestre courant ; ainsi en supposant qu'il y ait cinquante-six jours écoulés entre le premier jour de la jouissance du semestre courant et le jour de la négociation , il faudra calculer cinquante-six jours d'intérêt à cinq pour cent sur 2,600 fr. (1) [capital nominal]; ce ~~qui~~ donne 20 fr. 22 cent., qui étant ajoutés à 2,678 fr., donnent 2,698 fr. 22 cent. pour le montant d'une obligation métallique d'Autriche de 1,000 florins à cinq pour cent d'intérêt , avec cinquante-six jours échus sur la jouissance courante.

Il est d'usage d'ajouter toujours au montant d'une obligation métallique, l'intérêt sur la portion échue du semestre courant (2), parce que les arrérages des obli-

(1) Au change fixe de 2 fr. 60 cent. , une obligation métallique de 1,000 florins , représente 2,600 fr., capital nominal.

(2) Pour évaluer cette portion échue du semestre courant, on prend tous les mois de l'année indistinctement pour 30 jours.

gations métalliques d'Autriche, loin d'être
à une seule et même échéance, comme la
plupart des fonds publics des autres nations, sont à des époques qui viennent
chaque mois de l'année, attendu qu'à chaque emprunt que le Gouvernement d'Autriche a négocié, les jouissances, quoique
toutes par semestres, partent toutes d'é-
poques différentes; en sorte que ne pouvant partir d'une base fixe et commune,
on est convenu d'évaluer l'intérêt échu
et de l'ajouter au capital pour établir le
montant.

Connaissant une fois le montant d'une
obligation métallique, il est ensuite facile
de calculer le montant d'un nombre quelconque d'obligations.

De la proportion précédente, pour évaluer en francs une obligation métallique
d'après le prix porté sur le cours de la
Bourse, on peut déduire la règle générale
suivante, savoir : multipliez 2,600 par le
prix porté sur le cours de la Bourse, di-

visez le produit par cent, et ajoutez-y la
portion échue du semestre courant, cal-
culée au taux de cinq pour cent, sur le
capital nominal de 2,600 fr. pour une obligation de 1,000 florins.

OBLIGATIONS MÉTALLIQUES D'AUTRICHE EN
FRANCS, DE L'ADMINISTRATION FONDÉE
A PARIS, PAR MM. DE ROTHSCHILD
FRÈRES.

Chacune de ces obligations métalliques
d'Autriche, émises par l'administration fondée à Paris, par MM. de Rothschild frères,
représente une obligation de l'empire
d'Autriche de 1,000 florins, argent de convention (1), portant cinq pour cent d'intérêt par an, ladite obligation étant déposée à la Banque nationale d'Autriche, à
Vienne, conformément à l'arrangement
pris avec elle, ainsi que l'atteste le livre

(1) Faisant 50 florins de rente.

de crédit et de liquidation de la Caisse générale, impériale et royale des dettes de l'État d'Autriche.

Chaque obligation métallique de l'administration de Paris, donne droit à une rente annuelle de 125 fr., payable au porteur à Paris (1), par semestres (2), les 1er. janvier et 1er. juillet de chaque année, sur la remise des coupons qui entourent l'obligation et que l'on détache à leur échéance respective.

Ce droit existe jusqu'au 15 janvier 1835 inclusivement ; cette époque arrivée, ou plus tôt à la volonté du porteur, celui-ci recevra, à Vienne, l'obligation originale qui est déposée à la Banque nationale.

Si le porteur d'une obligation métallique de l'administration de Paris, voulait échanger son certificat contre l'obligation

(1) Chez MM. de Rothschild frères.
(2) En sorte que chaque coupon est de 62 fr. 50 c.

autrichienne originale , à l'époque où quatre mois du semestre, alors courant, seraient échus, il sera temps de toucher le montant de ce même coupon auprès de l'administration de Paris, attendu l'engagement qu'elle a contracté vis-à-vis le Gouvernement d'Autriche, de l'informer deux mois d'avance des arrérages qui seront perçus à Paris.

Sur le cours de la Bourse, pour coter les obligations métalliques d'Autriche de l'administration de Paris, on porte en francs le prix de l'obligation ; ainsi, quand le cours de la Bourse indique 2,600 fr. ou 2,610 fr. , cela signifie qu'une obligation métallique de l'administration de Paris coûte 2,600 fr. ou 2,610 fr.

EMPRUNT D'HAÏTI DE 1828.

La France ayant reconnu l'indépendance d'Haïti, et le gouvernement de ce pays ayant consenti, en faveur des anciens colons, une indemnité de 150,000,000 de fr.,

payable en cinq années, le président de la
république d'Haïti décida qu'il serait ouvert
un emprunt de 30,000,000 de fr., remboursable en vingt-cinq ans, pour faire
face au premier terme de cette indemnité;
en conséquence, il fut créé 30,000 annuités
au porteur, de 1,000 fr. chaque, payables
au porteur; chaque annuité étant accompagnée de cinquante coupons d'intérêts de
chacun 30 fr., soit six pour cent d'intérêt
par an; ces 30,000 annuités doivent être
remboursées par séries d'un vingt-cinquième,
d'année en année; mais dans le moment
actuel on ne paie ni remboursement ni
intérêt.

OBLIGATIONS PARTIELLES DU DUCHÉ DE BADE.

En septembre 1820, le Grand-Duché
de Bade a négocié, avec l'assentiment des
États de ce pays, un emprunt de 5,000,000
de florins, remboursable en vingt-trois ans,
avec capital et intérêts, au moyen d'une

émission de cent mille obligations partielles
de 5o florins chaque (1), faites en forme
de billets de loterie, avec une prime af-
fectée à chaque obligation ; en sorte que si
ces obligations ne présentent pas au propriétaire un intérêt payable à des époques
fixes, elles ont l'avantage d'avoir toutes un
lot plus ou moins fort, qui, en chance commune, offre toujours le remboursement du
capital avec un intérêt raisonnable.

Ce remboursement s'opère par des tirages
faits chaque année au commencement de
janvier, mars, juin et septembre, où l'on
désigne le nombre de séries qui doivent
avoir des lots, et le 3o novembre suivant
les prix des numéros contenus dans chaque
série.

Ces tirages se font en séance publique,
sous la surveillance et la direction des com-
missaires du Gouvernement et en présence
du directeur et du caissier-général de la

(1) Au titre de 24 florins.

Caisse d'amortissement du Grand-Duché de Bade, ainsi que du fondé de pouvoirs nommé par les prêteurs.

Le résultat de chaque tirage des séries et des lots, ainsi que celui du prix, est publié par la voie des journaux, et les paiemens sont effectués trois mois après le tirage aux porteurs des effets, et contre leur restitution, sans déduction quelconque.

Sur le cours de la Bourse, on cote les obligations de Bade en argent de France, c'est-à-dire que, quand le cours porte 120 ou 125, cela veut dire qu'une obligation vaut 120 francs ou 125 francs.

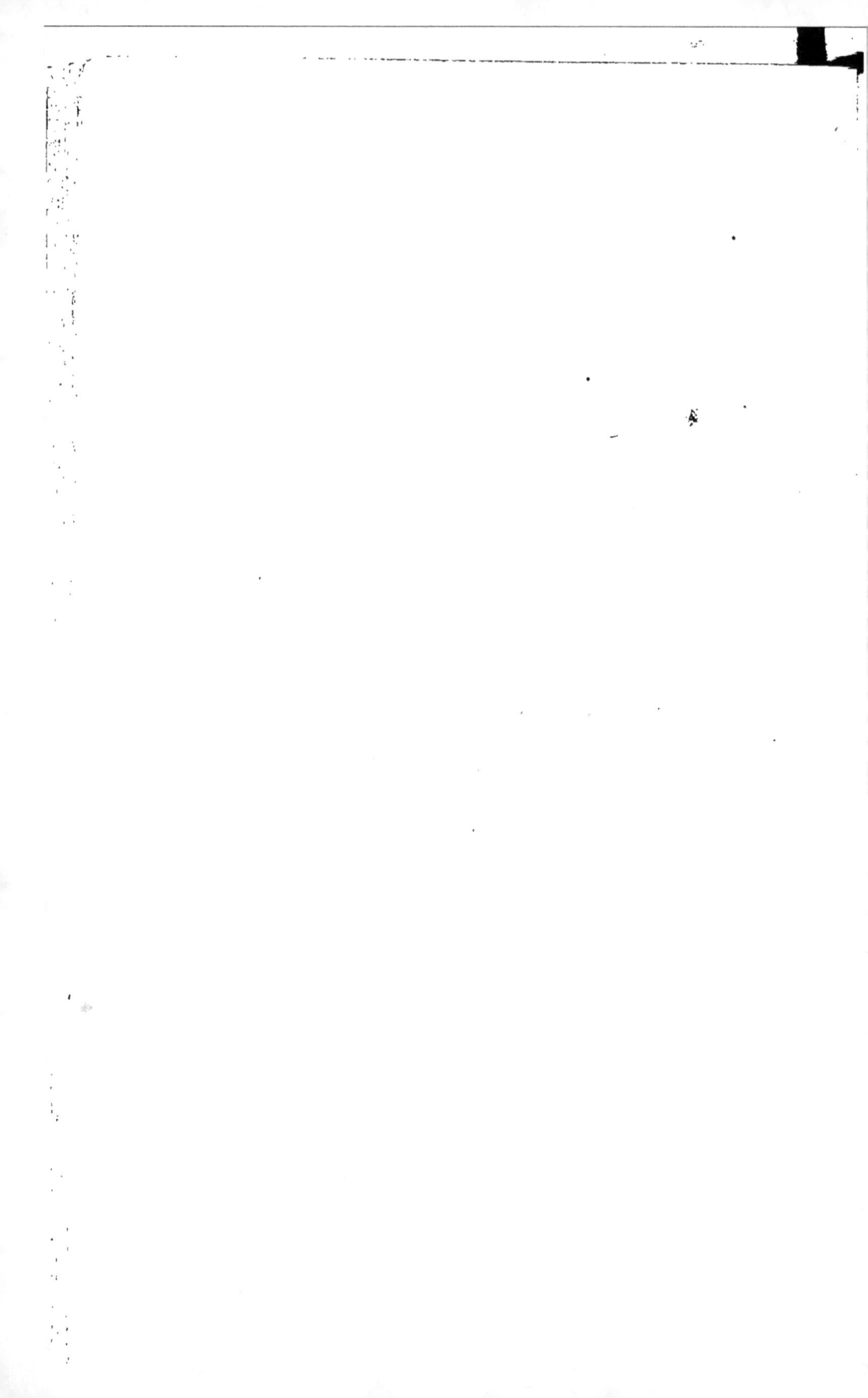

TROISIÈME PARTIE.

DES OPÉRATIONS DE LA BOURSE DE PARIS.

Notions générales.

Les opérations de la Bourse se divisent n deux classes :

1°. Opérations de *placement;*
2°. Opérations de *spéculation.*

Les opérations de placement ont pour bjet d'acheter une certaine quantité d'effets publics, pour les garder et jouir de leurs ntérêts ou dividendes.

Les opérations de spéculation consistent à vendre ou à acheter successivement une quantité d'effets publics, dans l'intention de réaliser des bénéfices. Les opérations de spéculation sont, à proprement parler, les seules qui fixent l'attention publique, à cause de leur immensité et de l'influence que souvent elles produisent sur le cours des effets.

Toutes les opérations de spéculation se réduisent à deux seules, qui sont la *hausse* et la *baisse*.

Une opération à la hausse consiste à acheter des effets publics en baisse, et à les revendre en hausse.

Une opération à la baisse se fait en vendant des effets publics en hausse, et en les achetant en baisse.

Ces sortes d'opérations peuvent se faire soit au comptant, soit à terme.

Une opération à terme est celle dont la livraison des effets achetés ou vendus doit se faire à une époque déterminée; cette époque est le plus ordinairement la fin du mois courant, ou celle du mois prochain.

Un peu avant l'ouverture de la Bourse, c'est-à-dire avant deux heures, les agens-de-change, réunis dans leur cabinet, achètent et vendent, au *cours moyen*, des rentes trois pour cent consolidés, des annuités, des actions de la Banque, etc. Par cours moyen, on entend un cours qui est réglé à trois heures, en prenant la moitié entre le cours le plus haut et le cours le plus bas de tous ceux qui ont été criés de deux heures à trois heures ; par exemple, si le cours le plus haut de la rente trois pour cent, est de 83 fr. 35 cent., et le cours le plus bas, de 83 fr. 10 cent., le cours moyen sera de 83 fr. 22 cent. 1/2. Il ne se fait guère que des affaires au comptant, au cours moyen ; cependant, quelquefois il s'y fait aussi des opérations à terme.

A deux heures précises, le son de la cloche annonce au public l'ouverture de la Bourse ; les agens-de-change se rendent au parquet, et y font des marchés au comptant, à terme ou à prime ; ils proposent à haute voix la vente ou l'achat des effets publics; et lorsque deux d'entre eux ont consommé une négociation, ils en donnent le cours au crieur, qui l'annonce sur-le-champ au public (1). Les cours au comptant sont les seuls criés.

À trois heures, la cloche sonne de nouveau ; les agens-de-change passent dans leur cabinet ; là, ils ne font plus d'affaires au comptant, mais ils continuent de faire des opérations à terme ; et en outre ils négocient des lettres-de-change ou billets, et tous papiers commerçables (2), jusqu'à quatre heures, qu'ils se retirent.

La rente est toujours ou *demandée* ou *offerte*; ainsi on dit en terme de Bourse : La rente trois pour cent est demandée à 83 fr. 10 cent., et offerte à 83 fr. 15 cent., cela veut dire que l'acheteur demande la rente au cours de 83 fr. 10 cent., tandis

---

(1) Art. 76 de l'arrêté du 27 prairial an X.
(2) Art. 76 du Code de commerce.

que le vendeur la tient au cours de 83 fr.
15 cent. ; de là vient qu'à la Bourse on dit
habituellement : la rente est demandée à tel
prix ou offerte à tel prix.

Négociations au comptant.

Les effets au porteur, ou autres, transmissibles par voie d'endossemens négociés
au comptant, sont délivrés par le vendeur
à l'acheteur, dans l'intervalle d'une Bourse
à l'autre.

Les effets transmissibles par la voie du
transfert, tels que les rentes trois pour cent,
les rentes cinq pour cent, les actions de la
Banque, etc., ne pouvant être livrés dans
l'intervalle d'une Bourse à l'autre, l'agent-
de-change, acheteur d'effets soumis au
transfert, donne au vendeur, pendant la
Bourse qui suit celle où leur négociation a
été faite, un bulletin signé de lui, indi-
quant la quantité de rentes ou d'actions de
Banque, etc., le prix convenu, ainsi que
les noms auxquels le transfert doit être fait.

7...

Si, avant la quatrième Bourse qui suit celle où la remise des noms a été faite, l'effet n'a pas été livré, l'acheteur fait annoncer par affiche visée, que le rachat sera fait le lendemain (c'est-à-dire le cinquième jour); et si la livraison n'a point été faite dans la Bourse dudit jour, le rachat a lieu par le syndic ou un adjoint.

Il en est de même pour les effets au porteur; s'ils ne sont pas livrés le lendemain, on affiche, et le surlendemain on rachète (1).

Négociations à terme.

Les négociations d'effets publics ou particuliers au porteur, ou transmissibles par voie du transfert, ne peuvent avoir lieu pour un terme excédant deux mois.

L'acheteur a toujours la faculté de se

---

(1) Règlemens de la Compagnie des agens-de-change, tit. V.

faire livrer, à sa volonté, et par anticipation, les effets vendus contre le paiement du prix convenu (1).

Les agens-de-change se donnent réciproquement, pour l'exécution de ces sortes de négociations, des engagemens qui sont échangés dans les vingt-quatre heures ; ces engagemens relatent la nature de l'effet, la quantité, le prix, la somme et l'époque de la livraison ; les nombres y sont exprimés en chiffres et en toutes lettres.

Les agens-de-change donnent également aux cliens qui les emploient dans ces sortes de négociations, des engagemens portant les conditions ci-dessus désignées, et en outre le nom de l'agent-de-change avec qui ils ont fait le marché (2).

_____

(1) Voy. page 223, le chapitre *des Escomptes*.
(2) Règlemens de la Compagnie des agens-de-change.

Dans les marchés fin du mois, l'encaissement des coupons de semestres des valeurs étrangères, telles que les rentes de Naples et d'Espagne, négociées à terme ou reportées, reste, comme dans les marchés de rente française, à la charge du porteur de l'effet (1).

Les marchés à terme sont de deux sortes, soit *fermes*, soit *à primes*.

Achats ou Ventes fermes.

On entend par achat ou vente ferme lorsque l'on vend une quantité de rentes, d'annuités, d'actions de la Banque ou de fonds publics étrangers, dont la livraison doit s'effectuer fin du mois courant, ou fin du mois prochain.

Ces sortes de marchés ne se font que par multiple de sommes rondes pour chaque

(1) Arrêté, du 12 octobre 1822, de la Chambre syndicale des agens-de-change.

(175)

nature d'effets publics, conformément au détail suivant (1) :

2,500 fr. de rente, cinq pour cent.

2,000 fr. de rente, quatre pour cent.

1,500 fr. de rente, trois pour cent.

25 actions de la Banque de France.

25 actions des quatre canaux.

10 actions du canal de Bourgogne.

500 ducats, rente de Naples, certificats Falconnet et compagnie.

10 obligations de Sicile.

500 piastres de rente perpétuelle d'Espagne.

25 obligations de l'emprunt royal d'Espagne de 1823.

Pour simplifier nos raisonnemens et suivre une méthode uniforme dans nos exemples et nos calculs, nous avons pris pour base les rentes trois pour cent consolidés; ainsi, toutes les fois que nous éta-

---

(1) **Art.** 2 de l'arrêté de la Chambre syndicale des agens-de-change, du 12 avril 1824.

blissons une opération de rente, c'est toujours sur la rente trois pour cent française, que nous entendons faire un compte simulé. Il sera ensuite très facile au lecteur de faire l'application de ces mêmes exemples et de ces mêmes calculs, aux rentes cinq pour cent et quatre pour cent.

Achats ou Ventes à primes, autrement dits, *achats ou ventes libres.*

Un marché *à prime* ou marché *libre*, est un marché conditionnel, qui engage le vendeur sans engager l'acheteur.

EXEMPLE :

J'achète 3,000 fr. de rente à 84 fr. 40 c., dont 1 fr., c'est-à-dire que 3,000 fr. à 84 fr. 40 c. font 84,400 fr. ; sur ces 84,400 fr. je paie 1,000 fr. de suite; alors ma rente me reste au prix de 83 fr. 40 c., et je ne devrai plus payer que 83,400 fr. à l'époque convenue de la livraison, dans le cas où je prendrais la rente; car, au moyen de cette prime de 1,000 fr. que je paie comptant au vendeur, je suis libre de lever (1) ou non la rente à l'époque convenue.

Les primes que l'on paie comptant, varient suivant les chances de faveur qu'elles peuvent offrir ; elles sont ordinairement de 50 cent., 1 fr., 1 fr. 50 cent., 2 fr., etc.

Cette faculté qu'a l'acheteur de pouvoir lever ou non la rente à prime, fait qu'elle est toujours plus chère que la rente ferme.

Pour les achats à primes, les primes sont ordinairement payées comptant par les cliens aux agens-de-change, ou bien elles sont *portées en compte*, c'est-à-dire que l'agent-de-change débite le compte du client, s'il est acheteur, ou qu'il le crédite, s'il est vendeur. Dans le cas des primes portées en compte, ces primes se reçoivent

---

(1) Le mot *lever*, en langage de Bourse, signifie prendre livraison d'effets.

ou se paient en liquidation, en même temps
que les soldes des différences.

Les marchés à primes s'appliquent non
seulement aux rentes, mais encore aux actions de la Banque, aux actions des canaux,
aux rentes de Naples, aux rentes d'Espagne
et même aux actions des Compagnies d'assurances.

Liquidation de chaque mois, autrement dite *liquidation mensuelle*.

Tous les marchés fermes et les marchés
à primes se liquident depuis le dernier jour
du mois jusqu'au 4 du suivant inclusivement, et cette époque se nomme *liquidation*. Ainsi, quand on dit acheter en liquidation de janvier, cela signifie acheter fin
janvier.

La liquidation de chaque mois a lieu dans
l'ordre suivant :

Le dernier jour du mois, à trois heures
précises, l'on donne la réponse des primes ;

c'est-à-dire que les acheteurs donnent avis aux vendeurs s'ils lèvent ou non les effets qu'ils ont achetés à prime.

Le premier jour du mois, on fait la liquidation des rentes cinq pour cent, trois pour cent et quatre pour cent.

Le deuxième jour, on opère la liquidation des actions de Banque, des actions des canaux, des rentes de Naples, des rentes d'Espagne, et généralement tous les marchés à terme en fonds publics étrangers, qui se sont faits dans le courant du mois.

Le troisième jour, les agens-de-change balancent leur compte, se mettent d'accord sur les différences qu'ils doivent se payer, et les effets qu'ils sont convenus de se livrer.

Enfin, le quatrième jour, on effectue les paiemens des différences et les livraisons d'effets.

Si, à l'époque de la liquidation, il se trouve un dimanche ou un jour férié, alors la liquidation se termine un jour plus tard.

8

Nous allons maintenant exposer les principes généraux auxquels se rattachent toutes les spéculations sur les effets publics.

Opérations à la hausse.

I.

Achetez ferme, attendez la hausse, et quand elle sera arrivée au point où vous croyez qu'elle doive s'arrêter, vendez de suite.

EXEMPLE.

J'achète 3,000 fr. de rente à 82 fr. 60 cent., ci. . . . . 82,600 fr.

La rente monte jusqu'à 83 fr.

80 cent., je vends à ce prix, ci 83,800

Différence qui établit mon

bénéfice (1). . . . . 1,200 fr.

_____

(1) Sur cette somme qui établit le bénéfice, ainsi que sur toutes celles qui, dans les spéculations suivantes, formeront les bénéfices, il faut

II.

Achetez ferme, et vendez à prime ; car la rente à prime étant toujours plus chère que la rente ferme, vous aurez pour bénéfice la différence du prix de la rente ferme, au prix de la rente à prime.

EXEMPLE.

J'achète ferme 3,000 fr. de
rente à 82 fr. 5o cent., ci... 82,5oo fr.

---

déduire la commission due à l'agent-de-change qui a fait l'opération ; de même que, quand on aura de la perte, il faudra ajouter la commission à la différence que l'on devra payer, pour connaître la perte totale. Ordinairement, le droit de commission est de $\frac{1}{8}$ pour 100 sur les opérations à terme, et de $\frac{1}{4}$ pour cent sur les affaires au comptant.

8..

Report d'autre part. 82,500 fr.

Au même instant, la rente à prime étant de 60 cent. plus chère que la rente ferme, c'est-à-dire, à 83 fr. 10 cent., dont 1 fr., je vends à ce prix mes 3,000 fr. de rente, ce qui fait 83,100 fr.

Différence qui établit mon bénéfice. . . . .   600 fr.

L'inconvénient de cette sorte d'opérations, c'est que, si la rente subit une baisse plus forte qu'un franc, relativement à l'exemple ci-dessus, c'est-à-dire, si elle vient au-dessous de 82 fr. 10 cent., l'acheteur à prime ne prend pas la rente que vous lui avez vendue à 83 fr. 10 cent., dont un fr. ; mais comme vous avez reçu une prime de 1,000 fr., cette prime diminue d'autant le prix de la rente ferme que vous avez achetée. Ainsi les 3,000 fr. de rente que vous avez achetés à 82 fr. 50 cent., ne vous reviennent qu'à 81 fr.

5o cent.; alors pour sortir de cette opération, il faut ou vendre, ou se faire reporter; c'est ce que nous expliquerons plus
bas, lorsque nous traiterons des reports.

III.

Si vous prévoyez une hausse plus forte
que la différence qui existe entre la rente
ferme et la rente à prime, achetez à prime ;
puis, quand vous verrez que la hausse est
à son plus haut période, vendez ferme.

EXEMPLE.

J'achète à prime 3,000 fr. de
rente à 83 fr. 10 cent., dont 1 f.
ci. . . . . 83,100 fr.

La rente monte jusqu'à 84 f. ;
je vends à ce prix. . . . . 84,000 fr.

Différence qui établit mon
bénéfice. . . . .   900 fr.

Dans cette sorte d'opération, la perte
que l'on peut faire est limitée à la prime

que l'on a payée. Dans l'exemple ci-dessus, ayant acheté 3,000 fr. de rente à 83 fr. 10 cent., dont 1 fr., j'ai payé de suite 1,000 fr. de prime. Si la rente, au lieu de monter, était descendue au-dessous de 82 fr. 10 cent., alors me trouvant dans l'impossibilité de vendre sans aggraver ma perte, j'aurais perdu mes 1,000 fr. de prime; mais si la rente, au lieu de descendre au-dessous de 82 fr. 10 cent., s'était arrêtée à 82 fr. 60 cent., j'aurais vendu à ce prix; et au lieu de perdre 1.000 fr., je n'aurais perdu que 500 fr.

Opérations à la baisse.

I.

Vendez ferme, attendez la baisse, et quand elle sera parvenue au point où vous croyez qu'elle doive s'arrêter, achetez de suite.

EXEMPLE.

Je vends 3,000 fr. de rente à
84 fr. 15 cent., ci.......... 84,150 fr.

La rente descend jusqu'à
83 fr. 40 c. ; j'achète 3,000 fr.
de rente à ce prix......... 83,400 fr.

Différence qui établit mon
bénéfice. .... 750 fr.

II.

Vendez une quantité de rente à prime
à découvert.

EXEMPLE.

Fin prochain (1), la rente à prime est
à 85 fr. 05 cent., dont 1 fr. 50 cent. ; j'en
vends 6,000 fr. à ce prix, et je touche
3,000 fr. de prime.

Si la baisse arrive, et que, le jour de la

(1) Expression employée à la Bourse pour dire
fin du mois prochain.

réponse des primes, la rente soit à 83 fr.
3o cent. , on ne me lèvera point les
6,000 fr. de rente dont je suis vendeur
à 83 fr. 55 cent. (prime de 1 fr. 5o cent.
déduite). J'aurai donc pour bénéfice les
3,000 francs que l'on m'aura payés à titre
de prime.

Mais si on me lève la prime, alors j'aurai 6,000 fr. de rente à racheter en liquidation. Si je puis les avoir au-dessous de
85 fr. o5 cent, j'aurai pour bénéfice la
différence entre mon prix d'achat et 85 fr.
o5 cent. Au contraire, si je rachète au-dessus
de 85 fr. o5 cent. , j'aurai une perte qui
proviendra de la différence entre 85 fr.
o5 cent. et mon prix d'achat.

III.

Achetez à prime, et vendez ferme de
suite; vous limitez ainsi votre perte à la
différence qui existe entre la rente ferme

et la rente à prime, et vous pourrez profiter de la baisse, tant grande soit-elle.

EXEMPLE.

J'achète 3,000 fr. de rente à
83 fr. 25 cent., dont 50 cent. ci 83,250 fr.
Au même instant, la rente
ferme est à 82 fr. 85 cent. ; je
vends ferme de suite mes 3,000
fr. de rente à ce cours. 82,850
_____

La différence de. . . . . . .   400 fr.
est la seule perte que je ferais,
si la rente n'arrivait pas au-dessous de 82 fr. 85 cent. ; mais
tant qu'elle ira au-dessous de
82 fr. 85 cent., il y aura profit. Je suppose qu'elle descende
à 82 fr. 10 cent., j'abandonne
ma rente à prime, et j'achète
3,000 fr. de rente à ce cours, ci 82,100 fr.
J'ai vendu à 82 fr. 85 c. . . . 82,850
_____

Différence. . .   750 fr.

Différence d'autre part.   75o fr.
Dont il faut déduire la prime
de 5oo fr. que j'ai payée dans
l'achat des 3,000 fr. de rente à
83 fr. 25 cent., dont 5o cent., ci.   5oo
Différence qui établit mon

bénéfice. . . . .   25o fr.

OPÉRATIONS A LA HAUSSE ET A LA BAISSE.

I.

Quand vous prévoyez que des événemens
encore indécis doivent produire de grands
mouvemens sur la rente, soit en hausse,
soit en baisse, pour cela achetez une quantité de rentes à primes, et vendez la moitié
ferme.

EXEMPLE.

J'achète 3,000 fr. de rente à 82 fr.
20 cent., dont 5o cent.; je vends de suite

la moitié, c'est-à-dire, 1,500 fr., ferme
au cours du moment; je suppose à 81 fr.
60 cent. . . . . 40,800 fr.

Si la rente monte, quand
vous la croirez arrivée à son
plus haut cours, vendez ferme
les 1,500 fr. restant, je suppose
à 83 fr. 95 cent. . . . . . . 41,975 fr.

Mes deux ventes m'ont pro-
duit. . . . . 82,775 fr.

L'achat des 3,000 fr. à 82 fr.
20 cent. dont 50 cent., me revient à. . . . . 82,200 fr.

Différence qui établit mon
bénéfice. . . . . 575 fr.

Si, au contraire, la rente baisse, j'abandonne la rente que j'ai achetée à prime, et
rachète les 1,500 fr. de rente ferme que j'ai
vendus à 81 fr. 60 cent.; ainsi je suppose
que la rente soit descendue à 80 fr. 05 cent.,
j'achète ferme à ce prix 1,500 fr. de rente,

ci. . . . . 40,025 fr.

Ces 1,500 fr. de rente se trouvent déjà vendus à 81 fr. 60 c., ci. 40,800
_____
Différence.. . . . 775 fr.

Il faut en déduire 500 fr. de prime que j'ai payés dans l'achat des 3,000 fr. à 82 fr. 20 cent., dont 50 cent., ci. . . . 500
_____
Mon bénéfice sera donc de. . 275 fr.

N. B. On concevra facilement que cette dernière sorte d'opération ne peut donner de profit que dans les grandes hausses et les grandes baisses.

II.

Achetez ferme une quantité de rentes, et vendez-en le double à prime.

EXEMPLE.

J'achète 1,500 fr. de rente ferme à 82 fr.,
ci. . . . . 41,000 fr.
et en même temps j'en vends
le double à prime au cours de
82 fr. 70 cent., dont 1 fr.

Ici se présentent deux cas,
savoir : celui où en liquidation
on me lèvera les 3,000 fr. de
rente vendue à prime, et celui
où l'on ne me les lèvera point.

1°. Supposons que la prime
soit levée.

Dans ce cas, j'aurais 1,500 fr.
de rente à racheter, en suivant
le mouvement de la rente ; si je
remarque que le prix se tienne
élevé, et qu'il y ait chance de
hausse, je rachèterai de suite ;
au contraire, si j'entrevois la
baisse, j'attendrai la liquidation
pour racheter les 1500 fr. dont
je reste vendeur à prime; je les

Report. . . . 41,000 fr.

prendrai, je suppose, à 82 fr.
35 cent., ci. . . . . 41,175 fr.

La somme de. . . . . 82,175 fr.

représente le montant des 3,000
fr. de rente dont je suis acheteur, et que j'ai vendus à 82 fr.
70 cent., dont 1 fr., ci. 82,700

Différence qui forme mon

bénéfice. . . . . 525 fr.

2°. Supposons que la prime
ne soit pas levée.

Alors j'aurai 1500 fr. de rente
à vendre; si la rente est en baisse,
je les vends sur-le-champ; si, au
contraire, elle est en hausse,
j'attends qu'elle soit à son plus
haut période, pour vendre au
mieux les 1,500 fr. de rente
que j'ai achetés à 82 fr. Établis-
sons qu'on les ait vendus à 81 fr.
45 cent., ci. . . . . 40,725 fr.

Report. . . . . 40,725 fr.

les 1,500 fr. de rente achetés à
82 fr. s'élevant à. 41,000

Différence à mon préjudice.   275

Mais j'ai reçu 1,000 fr. de prime,
ci. 1,000

Différence qui établit mon bénéfice. . . . . 725 fr.

N. B. Cette sorte d'opération est bonne
quand la rente ne subit point de grandes
variations.

Comment on peut convertir une opération
à la hausse en une opération à la baisse.

Supposons que j'aie acheté 3,000 fr. de
rente à 84 fr., ci. . . . . 84,000 fr.
et que la rente soit descendue à
83 fr. 05 cent.; si je revends ces
3,000 fr. à ce prix, ci. 83,050

J'aurai un déficit de.. . . . 950 fr.

Mais si la rente me paraît devoir encore
subir une baisse assez forte, au lieu de

vendre 3,000 fr. de rente, j'en vendrai
6,000 fr. ; en sorte que, d'un côté, étant
acheteur de 3,000 fr. de rente, et de l'autre,
vendeur de 6,000 fr., je resterai vendeur
de 3,000 fr. à découvert, et je pourrai profiter de toute la baisse pour regagner, et
au-delà, la perte que j'aurai pu faire.

On peut conclure de là que, pour convertir une opération à la hausse en une
opération à la baisse, il faut vendre une
quantité double des effets publics qu'on a
achetés.

*Comment on peut convertir une opération
à la baisse en une opération à la hausse.*

En opérant d'une manière inverse à ce
que nous avons dit ci-dessus, on peut convertir une opération à la baisse en une
opération à la hausse : par exemple, si j'ai
vendu 3,000 fr. de rente à 82 fr., et que
la rente soit montée à 82 fr. 60 cent., je rachète le double, c'est-à-dire, 6,000 fr. de
rente, à ce prix; or, étant d'une part ven-

deur de 3,000 fr. de rente, et de l'autre, acheteur de 6,000 fr. de rente, il en résulte que je reste acheteur de 3,000 fr. de rente à 82 fr. 60 cent.; en sorte que la hausse, tant élevée qu'elle arrive, me couvrira, soit en partie, soit en totalité, de la perte que j'aurais pu éprouver primitivement dans mon opération à la baisse, et, en outre, me produira un bénéfice indéterminé.

Ainsi, l'on voit que, pour convertir une opération à la baisse en une opération à la hausse, il faut racheter une quantité double des effets publics que l'on a vendus.

OPÉRATIONS DE PRIMES CONTRE PRIMES.

Ces opérations consistent :

A acheter une quantité de rentes à primes, dont 1 fr., et à revendre la même quantité de rentes, ou une quantité double de rentes, à primes, dont 50 cent. ;

A acheter une quantité de rentes à primes,

8...

dont 5o cent., et à revendre la même quantité de rentes, ou seulement une quantité moitié, à primes, dont 1 fr.;

A vendre une quantité de rentes, dont 5o cent., fin courant, et à racheter la même quantité à primes, dont 1 fr., fin prochain, etc., etc.

Ces sortes d'affaires sont susceptibles d'un nombre infini de combinaisons; elles n'offrent jamais les mêmes dangers que les opérations sur rente ferme; aussi les bénéfices sont moindres.

Les affaires à primes, pour être bien exécutées, exigent un tact et une sagacité que l'expérience seule de la Bourse peut donner.

I.

Achetez une quantité de rentes à primes, dont 1 fr., et revendez cette même quantité de rentes à primes, dont 5o cent.

EXEMPLE.

J'achète 3,000 fr. de rente à
83 fr. 10 cent., dont 1 fr. de
prime, ci. . . . . 83,100 fr.
et au même instant je revends
ces 3,000 fr. de rente à 83 fr. 90
cent., dont 50 cent., ci 83,900

La différence de. . . .   800 fr.
établit mon bénéfice, si, à la fin du mois,
les primes achetées et vendues sont levées.

Si les rentes à primes ne sont point levées à la fin du mois, ni d'une part ni de
l'autre, on a payé pour prime, sur 3,000
fr. de rente achetée, dont 1 fr.   1,000 fr.
on a reçu pour prime sur 3,000
fr. de rente vendue, dont 50 c.   500 fr.

Différence qui établit ma
perte. . . . .   500 fr.

Enfin, un troisième cas peut se présenter : j'ai vendu à 83 fr. 90 cent., dont
50 cent.; prime déduite, ma rente ven-

due reste à 83 fr. 40 cent. ; si, le jour de la réponse des primes, la rente est à 83 fr. 20 cent. , il est évident que l'on ne me lève point mes 3,000 fr. , rente vendue à prime, dont 50 cent. ; mais je suis acheteur à 83 fr. 10 cent. , dont 1 fr. , mon prix réduit d'achat est de 82 fr. 10 cent. , je lève ma prime (puisque le cours supposé de réponse des primes est 83 fr. 20 cent.) ; je suis donc acheteur de 3,000 fr. de rente, qui me coûtent. . . . . 83,100 fr.

Comme on ne me lève point ma rente vendue à prime, dont 50 cent. , je vends 3,000 fr. rente ferme à 83 fr. 20 cent. cours du moment, ci 83,200

Je reçois pour prime sur 3,000 fr. de rentes vendues, dont 50 c., et non levées. .   500

} 83,700 fr.

Différence qui forme mon bénéfice. . . . .   600 fr.

II.

Achetez une quantité de rentes à primes, dont 1 fr., et revendez une quantité double de rentes à primes, dont 5o cent.

EXEMPLE.

On achète 5,000 fr. de rente, à 85 fr. 10 cent.. dont 1 fr. de prime, ci. . . . /85,100 fr.
Et au même instant on vend 6,000 fr. de rentes à 85 fr. 90 c., dont 5o c., ci. . . . 167,800
Si la hausse se prononce, et que vous prévoyez qu'à la réponse des primes on lèvera les 6,000 fr. de rentes vendues à 85 fr. 90 c., il faudra 166,400 racheter ferme 5,000 fr. de rentes au-dessous de 85 fr. 90 c. (Car si l'on rachetait au-dessus, il y aurait perte.) Je suppose que l'on rachète ces 5,000 fr. de rentes à 85 fr. 3o c., ci. . . . . \85,300 fr.
Différence qui forme mon bénéfice. . . . . 1,400 f.

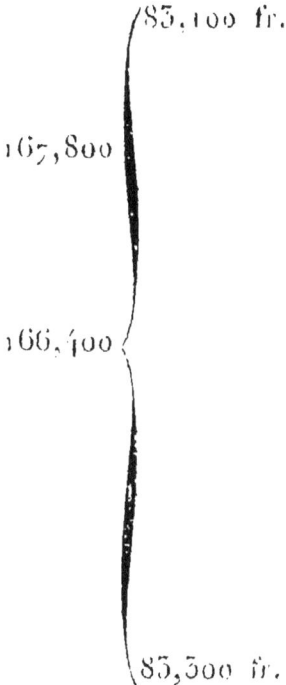

Si les primes ne sont point levées ni d'une part ni de l'autre, l'opération devient nulle, et n'offre ni perte ni bénéfice, attendu que vous payez 1,000 fr. pour prime sur 3,000 fr. achetés, dont 1 fr., et que vous recevez également 1,000 fr. pour prime sur 6,000 fr. de rente vendue, dont 50 cent.

Enfin, s'il arrive que la réponse des primes se fasse, je suppose, à 83 fr. 20 cent., on ne vous lèvera point les 6,000 fr. de rente que vous avez vendus à 83 fr. 90 cent., dont 50 cent., puisque, prix réduit, ils restent à 83 fr. 40 cent., taux supérieur à 83 fr. 20 cent., et vous lèverez les 3,000 fr. de rentes achetées à 83 fr. 10 cent., dont un fr. ci. 83,100 fr.

Puisqu'ils restent à 82 fr. 10 cent., prix inférieur à 83 fr. 20 cent., taux supposé de la réponse des primes, vous aurez donc 3,000 fr. de rentes à vendre

Report. . . . 83,100 fr.

ferme; supposez-les vendus à 83 f.

20 cent., ci. 83,200

Vous recevrez 1,000
fr. pour prime sur
6,000 f. de rentes ven-
dues à prime, dont 5o
c. (et non levée), ci.   1,000

84,200

Différence qui établit mon
bénéfice. . . . .   1,100 fr.

III.

Achetez une quantité de rentes à primes,
dont 5o cent., et revendez la même quantité
de rentes à primes, dont 1 fr.

EXEMPLE.

J'achète 3,000 fr. de rente à 83 f. 9o c.,
dont 5o c., ci pour prime.. . . .   5oo fr.

Report. . .   500 fr.

et je revends ces 3,000 fr. de
rente à 83 fr. 10 cent., dont
1 fr.; ou aura pour prime. . .   1,000

Si, à la fin du mois, les primes
ne sont point levées ni d'une
part ni de l'autre, j'aurai pour
bénéfice la différence de. . . .   500 fr.

Ici, se présentent trois cas : — 1er. cas,
les deux primes ne seront point levées ;
c'est ce que nous venons d'expliquer ; —
2me. cas, les deux primes seront levées ;
— 3me. cas, on lèvera la prime vendue
dont 1 fr., et l'on abandonnera la prime
achetée, dont 50 cent.

Suivant le 2me. cas, où l'on suppose que
les deux primes seront levées, je suis acheteur de 3,000 fr. de rente à 83 fr. 90 c.,
dont 50 cent., ci. . . . . . . 83,900 fr.
et vendeur de 3,000 fr. de rente
à 83 fr. 10 cent., dont 1 fr., ci. 83,100 fr.

J'aurai donc, pour perte, une
différence de. . . . .   800 fr.

Troisième cas : si on lève les primes à 82 fr. 25 cent., il est évident qu'on prendra livraison des 3,000 fr. de rente vendue à 83 fr. 10 cent., dont 1 fr. (qui reste prix réduit à 82 fr. 10 cent.), et que j'abandonnerai les 3,000 fr. de rente achetée à 83 fr. 90 cent., dont 50 cent. (qui reste prix réduit à 83 fr. 40 cent.); j'aurai donc besoin d'acheter 3,000 fr. de rente ferme, je suppose à 82 fr. 20 cent., ci. . . . . 82,200 fr.

J'ai payé une prime de 50 cent., ci. 500
_____
82,700 fr.

Je suis vendeur de 3,000 fr. de rente, à 83 fr. 10 cent., dont 1 fr., ci. . . . . 83,100 fr.

Différence qui forme mon bénéfice. . . . . 400 fr.

9

IV.

Achetez une quantité de rentes à primes, dont 50 cent., et revendez une quantité double de rentes à primes, dont 1 fr.

Dans cette opération il se présente trois cas semblables à ceux de l'opération précédente (III).

1°. Si les deux primes ne sont point levées, vous gagnez sur les primes payées et reçues une différence égale à quatre fois la prime d'achat;

2°. Si les deux primes sont levées, vous serez obligé de racheter une quantité de rente ferme, égale à la quantité de rentes achetées à prime, dont 50 cent., pour fournir la quantité double de rentes vendues à primes, dont 1 fr., et nécessairement dans ce cas vous aurez une perte plus ou moins forte;

3°. Enfin si on lève la quantité double de

rente vendue, dont 1 fr., et si vous aban-
donnez la quantité moitié achetée, dont
50 cent., vous achèterez ferme une quantité de rente égale à la quantité de rente
vendue, dont 1 fr., et vous réaliserez pro-
bablement un bénéfice satisfaisant.

V.

Vendez une quantité de rentes à primes,
dont 50 cent., fin courant, et rachetez
la même quantité à primes, dont 1 fr.,
fin prochain.

Si la prime vendue fin courant, dont
50 cent., n'est point levée, il en résulte que
la prime, dont 1 fr., achetée fin prochain
se trouve diminuée de moitié, elle ne coûte
plus que 50 cent.

Si au contraire la prime, dont 50 cent.,
vendue fin courant est levée, alors achetez fin courant de la rente ferme pour livrer votre rente vendue (si toutefois vous

n'avez pas déjà des rentes achetées ferme),
et tâchez de choisir une occasion favorable
pour vendre ferme fin prochain sur votre
achat à prime, dont 1 fr., fin prochain, et
réaliser un bénéfice.

Cette nature d'opération se nomme *se
faire reporter sur primes.*

Opérations d'arbitrages sur effets publics.

Les opérations d'arbitrages sur effets publics consistent à faire des échanges de fonds
publics qui, en résultat définitif, puissent
donner au spéculateur un bénéfice.

Supposons que, d'après l'état de la place,
les rentes de Naples aient beaucoup monté,
sans que les rentes françaises trois pour
cent aient suivi l'impulsion de la hausse
dans la même proportion, alors vendez des
rentes de Naples, et achetez une quantité
équivalente de rentes françaises trois pour
cent.

EXEMPLE.

Vendez 1,000 ducats rentes de Naples, au cours, soit à 90, ci. . . . . 79,200 fr.

Achetez par contre 3,000 fr. de rente française, trois pour cent au cours, soit à 83, ci. 83,000

Pour cet échange de 3,000 f. de rente trois pour cent contre 1,000 ducats je recevrai donc une différence de. . . . . . . 6,200 fr.

Quelque temps après admettons que les rentes françaises trois pour cent soient montées à 84 fr. 50 cent. et les rentes de Naples à 90 fr. 40 cent., pour réaliser votre bénéfice défaites l'opération précédente, en vendant 3,000 fr. de rente trois pour cent à 84 fr. 50 cent. cours du moment, ci. . 84,500 fr. et achetant par contre 1,000

Report . . . . . . 84,500 fr.

ducats rente de Naples, à 90 fr.

40 c., ci. 79,552

J'aurai donc pour ce second
échange une différence à payer

de.. . . . . 5,052 fr.

J'ai reçu précédemment une
différence de. 6,200

En résultat définitif j'aurai

donc un bénéfice de. . . . . . 1,148 fr.

Ces sortes d'opérations exigent une certaine expérience des affaires, beaucoup de
tact et une grande habileté, pour être di-
rigées avec succès.

DES REPORTS.

Chaque mois, la rente approchant de
l'époque de semestre, elle acquiert une valeur croissante de mois en mois, qui établit une différence entre le prix de la rente

fin du mois courant et le prix de la rente fin du mois prochain ; c'est cette différence qu'on nomme *report*.

Le taux du report varie continuellement ainsi que le cours de la rente.

On appelle *report du comptant à la fin du mois* la différence qui existe entre le prix de la rente au comptant et le prix de la rente fin du mois courant. Par exemple, si la rente au comptant est à 82 fr., et la rente fin du courant à 82 fr. 15 cent, cette différence de 15 cent. qui existe entre la rente au comptant et la rente ferme établit le report au comptant.

Utilité des reports pour spéculer sur les fonds publics.

Je suppose que j'aie en caisse une somme de 83,000 fr. dont je n'aurai point besoin avant la liquidation courante; si le report au comptant est de 15 cent., j'achèterai au comptant 3,000 fr. de rente

trois pour cent à 83, ci. . . . 83,000 fr.
et je les revendrai, fin courant,

à 83 fr. 15 cent., ci. 83,150

    Différence qui forme mon

bénéfice. . . . .   150 fr.

    Quant aux reports qui s'effectuent de mois en mois, ils se font en achetant fin du mois courant une quantité d'effets publics, et en les revendant de suite fin du mois prochain.

EXEMPLE.

    Supposons que la rente fin du mois courant, soit à. . . . . 83 fr. 50 c.
et la rente, fin du mois pro-
chain, à. 84

    Cette différence de. . . . .   50 c.
entre le prix de la rente fin courant et celui de la rente fin prochain, établit ce qu'on appelle le taux du report.

    J'achète 3,000 fr. de rente ferme fin courant, à 83 fr. 50 cent. . . . 83,500 fr.

Report. . . . . 83,500 fr.

Je vends de suite ces 3,000 f.
ferme, fin prochain, à 84 f.,
ci. . . . . 84,000 fr.

Différence qui établit mon

bénéfice. . . . .   500 fr.

83,500 fr. placés pendant un mois m'ont
donc rapporté 500 fr., ce qui fait un intérêt de 7 $\frac{2}{50}$ pour cent l'an.

Les reports offrent au capitaliste les
moyens de placer ses fonds sur les effets
publics sans se rendre propriétaire d'aucun
de ces effets, puisque, étant acheteur et
vendeur par la même opération, il est in-
différent à la hausse et à la baisse de ces
mêmes effets, et ne s'engage dans aucun
risque.

Un autre avantage qu'a celui qui fait un
report, c'est qu'étant, par cette opération,
vendeur à une époque déterminée, il peut
toujours profiter d'une grande baisse, en
rachetant pour cette même époque les rentes

qu'il a vendues, et par là en devenir le propriétaire.

Les reports s'appliquent à toutes les rentes, aux actions de banque, aux actions des canaux, aux rentes de Naples, etc.

Des Reports sur prime.

On appelle *report sur prime*, quand on achète la rente ferme fin du mois courant, et qu'on la vend à prime fin du mois prochain. Comme la rente à prime se vend toujours plus cher que la rente ferme, il résulte de cette opération que le report se trouve à un taux plus élevé; mais aussi, en cas de baisse, on court la chance de ne pas voir sa rente levée; alors on reste acheteur de rente ferme, mais dont le prix se trouve toujours baissé du prix de la prime que l'on a touchée.

EXEMPLE.

Je suppose que la rente ferme fin du

mois courant, soit à 83 fr. 10 cent., et
que la rente à prime fin du mois prochain, soit à 83 fr. 95 cent., dont 1
franc.

J'achète 3,000 fr. au cours de 83 fr. 10
cent., ci. . . . . 83,100 fr.

Je revends, fin prochain, à
83 fr. 95 cent., dont 1 fr. . . 83,950 fr.

Différence qui établit mon

bénéfice. . . . . 850 fr.

Dans le cas où on ne lèverait pas la rente
fin du mois prochain, alors je resterais
acheteur de 3,000 fr. de rente à 83 fr.
10 cent.; mais comme j'aurais touché une
prime de 1 fr., ma rente ne me coûterait
réellement que 82 fr. 10 cent.

Ce genre de report est bon, comme je
l'ai observé précédemment, pour ceux qui
ne craignent point de se trouver acheteurs
d'effets publics; il a l'avantage d'offrir un
intérêt plus fort que les reports sur rente
ferme, pour ceux qui veulent faire valoir
leurs capitaux.

Règle pour trouver l'intérêt pour cent l'an que produit un Report.

Dites : le montant de l'achat est à la différence entre le montant de l'achat et le montant de la vente, comme 1,200 est au taux de l'intérêt cherché.

EXEMPLE.

Dans l'exemple cité page 210, le montant de l'achat est de. . . . . 83,500 fr.
Celui de la vente. 84,000

La différence de. . . . . . 500 fr.
représente l'intérêt de 83,500 fr. pendant un mois. Pour connaître le taux de l'intérêt, on posera la proportion :

$$83,500 : 500 :: 1,200 : x = \frac{500 \times 1,200}{83,500} = \frac{600,000}{83,500}$$
$$= 7.18 = 7 \tfrac{?}{50}.$$

intérêt pour cent l'an que donne un report

de 5o cent. , en supposant la rente fin courant à 83 fr. 5o cent.

Il suit de là que , pour trouver l'intérêt
que produit un report , on peut établir la
règle pratique suivante : Prenez la différence entre le montant de l'achat et le montant de la vente ; multipliez cette différence par 1,200 , et divisez le produit qui
en résulte par le montant de l'achat.

Utilité des Reports pour prolonger une opération à la hausse.

Je suppose que j'aie acheté 3,000 fr.
de rente à 83 fr. 5o cent. , ci 83 5oo fr.
et que la rente soit descendue
à 83 fr. , je ne puis revendre
les 3,ooo fr. de rente que j'ai
achetés, sans éprouver une perte
qui serait de 5oo fr.; mais, persuadé que la hausse doit se dé-
clarer plus tard , alors je veux
continuer mon opération ; pour

Report. . . . . 83,500 fr.

cela je vends à 83 fr., ci. . . 83,000 fr.
les 3,000 fr. de rente que j'ai
achetés, et en même temps je
rachète 3,000 fr. de rente fin
du mois prochain à 83 fr.
40 cent. (1), et je paie en liquidation une différence de. .   500 fr.

Au moyen de cette opération, je me
trouve encore acheteur fin du mois prochain de 3,000 fr. de rente à 83 fr. 40
cent., c'est ce que l'on appelle *se faire reporter*, c'est-à-dire, continuer une opération; et l'on peut prolonger ainsi une affaire tant que l'on veut, en se faisant reporter de mois en mois.

---

(1) On suppose que le report soit à 40 c., c'est-
à-dire qu'il y ait 40 c. de différence entre le prix
de la rente fin du mois courant et celui de la rente
fin du mois prochain.

Utilité des Reports pour prolonger une opé-
ration à la baisse.

J'ai vendu à découvert 3,000 fr. de rente
à 83 fr., ci. . . . . 83,000 fr.

Supposons que la rente soit
montée à 84 fr. 55 cent.; mais,
croyant toujours à la baisse, je
veux prolonger mon opération,
alors j'achète 3,000 fr. de rente
à 84 fr. 55 cent., ci. . . . . 84,550 fr.

Si le report est à 40 cent.,
je vends fin du mois prochain
3,000 fr. de rente à 84 fr. 95
cent., et en liquidation je de-
vrai payer une différence de. .   1,550 fr.

Au moyen de quoi je reste vendeur fin
du mois prochain à 84 fr. 95 cent.

Autre moyen de prolonger une opération
à la hausse.

Je suppose qu'étant acheteur de 3 000 fr.

de rente à 84 fr. . . . . 84,000 fr.
la rente descend à 83 f.; soutenu
par l'idée que la hausse revien-
dra, et ne voulant point sortir
de mon opération, j'achète encore 3,000 fr. de rente à ce cours
de 83 fr. . . . . 83,000 fr.

Ainsi, je serai acheteur de 6,000 fr. de
rente, qui me reviendront à un prix commun de 83 fr. 50 cent.; en sorte que,
si la rente monte au-delà de 83 fr. 50 cent.,
je pourrai vendre avec bénéfice les 6,000 fr.
de rente dont je serai acheteur; c'est ce
qu'en terme de Bourse, on appelle se *faire
une commune.*

Autre moyen de prolonger une opération à la baisse.

En suivant le même principe que nous
avons établi ci-dessus, et l'appliquant dans
un sens inverse, on trouvera un nouveau
moyen de prolonger une opération à la
baisse.

EXEMPLE.

J'ai vendu 1,500 fr. de rente à 83 fr.
80 cent. . . . . 41,900 fr.
La rente monte jusqu'à 84 fr.
60 cent. ; je vends encore 1,500
fr. de rente à ce cours de 84 fr.
60 cent. . . . . 42,300 fr.

En sorte que je me trouverai vendeur
de 3,000 fr. de rente au prix moyen de
84 fr. 20 cent. Dans ce cas, admettant
la baisse de la rente au-dessous de 84 fr.
20 cent., je pourrai racheter avec bénéfice les 3,000 fr. de rente dont je serai
vendeur.

*Moyen de bonifier une opération à la
hausse, quand la baisse est survenue.*

Celui qui se trouve acheteur de rentes
dans des prix élevés, peut, en cas de
baisse, se faire reporter et vendre à prime,
pour diminuer sa perte.

9...

EXEMPLE.

J'ai acheté 3,000 fr. de rente à 83 fr.
10 cent., ci. . . . . 83,100 fr.

Admettons que la rente soit
descendue à 82 fr.; pour me
faire reporter je vends à ce prix,
ci. . . . . 82,000 fr.

Différence qu'il faudra que

je paie. . . . . 1,100 fr.

Et en même temps je rachète
ces 3,000 f. de rente fin du mois
prochain, à 82 fr. 30 cent. (1),
ci. . . . . 82,300 fr.
et je les revends de suite, soit
à 82 fr. 85 cent., dont 1 fr.,
ci. . . . . 82,850 fr.

Différence à mon profit. . . 550 fr.

_____

(1) Dans cet exemple, on établit le report à
30 c., c'est-à-dire qu'il y a 30 c. de différence
entre le prix de la rente fin courant et le prix de
la rente fin prochain.

Il suit de là que, si, fin prochain, on me lève ma prime, je gagnerai 550 fr., ce qui diminuera d'autant la perte de 1,100 fr., que je fais fin courant.

Supposons maintenant que fin prochain, les 3,000 fr. de rente que j'ai vendus à prime ne soient point levés ; comme j'aurai reçu une prime de 1,000 fr. qui diminue d'un fr. le prix de 82 fr. 30 cent., auquel je suis acheteur fin prochain, je resterai donc acheteur de 3,000 fr. de rente qui ne me reviendront qu'à 81 fr. 30 cent., ci. . . . . 81,300 fr.

ajoutons 1,100 fr. payés fin courant, ci. 1,100

Total. . . . . . 82,400 fr.

Ainsi je serai acheteur fin prochain de 3,000 fr. de rente, qui ne me coûteront que 82 fr. 40 cent., tandis qu'originairement je les avais achetés au cours de 83 fr. 10 cent. Les moyens de terminer cette opération se rattachent ensuite aux cir-

constances qui surviendraient, et aux dif-
férens cas que nous avons déjà expliqués.

Moyen de bonifier une opération à la baisse, quand la hausse est survenue.

Vendez à prime une quantité de rentes
égale à celle dont vous êtes déjà vendeur
ferme.

EXEMPLE.

J'ai vendu 3,000 fr. de rente
à 81 fr. . . . . 81,000 fr.
Depuis, la rente est montée
à 83 fr. 70 cent.; pour bonifier mon opération, je vends
alors 3,000 fr. de rente à prime,
dont 1 fr. (1), soit à 84 fr. 60
cent., dont 1 fr., ci . . . . . 84,600 fr.

---

(1) Dans cet exemple, on suppose qu'il y ait
90 centimes de différence entre le prix de la rente
ferme et celui de la rente à prime.

Ici se présentent deux cas, savoir : celui où les 3,000 fr. de rentes que j'ai vendus à prime seraient levés, et celui où ils ne le seraient point.

1°. Supposons que la prime soit levée.

Dans ce cas, je me trouverai vendeur de 6,000 fr. de rente au prix moyen de 82 fr. 80 cent. (1), au lieu de 3,000 fr. au cours de 81 fr., j'aurai donc haussé le prix de ma vente de 1 fr. 80 cent.

2°. Admettons que la prime soit abandonnée; alors j'aurai reçu 1,000 fr. de prime, qui bonifieront de 1 franc mon prix de vente.

DES ESCOMPTES.

A la Bourse, on entend par *escompte*, lorsque, ayant acheté des effets publics fin

---

(1) Cela est évident, puisqu'on se trouve vendeur de 3,000 fr. de rente à 81 fr., et de 3,000 fr. de rente à 84 fr. 60 c. Le prix moyen entre 81 fr. et 84 fr. 60 c. est de 82 fr. 80 c.

du mois, on en demande la livraison par anticipation, clause que l'on se réserve toujours dans les marchés à terme (1).

Pour escompter, il faut que l'Agent-de-change qui a acheté pour vous, prévienne l'Agent vendeur, avant l'ouverture de la Bourse, par une affiche visée par le syndic ou un de ses adjoints; cette affiche est placée sur un tableau disposé à cet effet dans le cabinet des Agens-de-change; elle détermine la nature, la quantité et le prix des effets.

Le lendemain de l'affiche, l'Agent-de-change acheteur remet à l'Agent-de-change vendeur un bulletin des noms, pour opérer le transfert et la livraison des susdits effets. Si les effets ainsi exigés sont de nature transférable, ils doivent être livrés dans les délais prescrits pour les opérations au

(1) Cette clause est exprimée par les mots *ou plutôt à volonté*, qui se trouvent dans tous les engagemens à terme.

comptant ; si les effets sont au porteur, ils doivent être livrés le lendemain du jour où le bulletin a été remis (1).

Lorsque la rente a subi une hausse rapide, et que l'on entrevoit que cette hausse aura de la continuité, certains acheteurs fin du mois, dans les prix bas, qui ont intention de lever, peuvent craindre qu'en attendant jusqu'à la liquidation, leurs vendeurs ne livrent point les effets convenus ; dans ce cas, on escompte pour s'assurer la livraison des effets dont on est acheteur.

Par exemple, si j'ai acheté 6,000 fr. de rente à 81 fr., et qu'en peu de temps la rente soit montée à 82 fr. 50 cent., craignant qu'à la fin du mois mon vendeur ne soit pas en état de me livrer à 81 fr., je lui escompte et termine de suite mon marché.

_____

(1) Règlemens de la Compagnie des agens-de-change, tit. V, art. 14.

Les escomptes sont souvent employés avec succès, pour faire monter les effets publics ; car toutes les fois que l'on escompte à un vendeur à découvert (1), ce dernier ne pouvant livrer, est forcé de racheter, à quelque prix que ce soit ; et si un grand nombre de spéculateurs se trouvent dans le même cas, naturellement cela doit produire une hausse.

Emprunts ou prêts sur dépôts d'effets publics.

Un placement de fonds sur dépôts d'effets publics consiste à prêter une somme quelconque et à recevoir en nantissement des effets publics représentant une valeur supérieure à la somme placée. Ces effets

---

(1) On nomme ainsi celui qui vend une quantité d'effets publics, qu'il ne possède point, et qu'il est ensuite obligé de racheter à bénéfice ou à perte, pour balancer son compte.

n'étant donnés qu'à titre de dépôt, il en résulte deux engagemens, l'un signé par le prêteur, l'autre signé par l'emprunteur.

Le prêteur s'engage à rendre à l'emprunteur, à la fin du mois, formant l'échéance du terme du placement, les effets qui lui ont été remis en dépôt, contre le remboursement qui lui sera fait du capital seul, l'intérêt (1) se payant ordinairement d'avance.

L'emprunteur s'engage à rendre le capital qui lui a été prêté contre la remise qui lui sera faite des effets qu'il a donnés au prêteur en dépôt.

Ces sortes d'opérations se traitent par l'entremise d'un Agent-de-change, et ne peuvent être faites que pour un terme n'excédant pas trois mois; les transferts qui y sont relatifs sont exempts du droit d'enregistrement.

---

(1) Le taux de l'intérêt dépend du plus ou du moins d'abondance d'argent qui est sur la place.

Les engagemens désignés ci-dessus sont faits doubles ; le client en signe un , l'autre est signé par l'Agent-de-change ; ils sont échangés entre eux.

Dans ces sortes de marchés , il est de convention que , dans le cas où , avant l'échéance desdits prêts, le cours des effets publics tomberait à la Bourse à un prix égal à celui auquel les effets auraient été déposés , l'emprunteur devra alors remettre au prêteur la somme d'effets nécessaires pour que ce dernier soit toujours couvert dans la même proportion. Dans ce cas, le prêteur donnera un reçu de cette somme.

À défaut par l'emprunteur de payer ce surplus, le prêteur s'adressera à la Chambre syndicale des Agens-de-change, qui fera revendre lesdits effets au compte de l'emprunteur , pour le montant en être employé à rembourser le prêteur.

Cette même formalité aura lieu également à l'échéance desdits prêts, en cas de

non-remboursement ou de faillite de la
part de l'emprunteur; de telle sorte que le
prêteur soit toujours assuré de son remboursement représenté par les effets sur
lesquels il aura prêté.

*Autres facilités qu'a le propriétaire d'ef-
fets publics pour se procurer des Fonds.*

Vendez au comptant, et rachetez en
même temps fin du mois courant, ou fin
du mois prochain; ou bien, pour se servir
de terme de Bourse, *faites-vous reporter
du comptant à la fin du mois courant ou
du mois prochain.*

EXEMPLE.

J'ai besoin d'argent jusqu'à la fin du
mois prochain; je vends 3,000 fr. de rente
au comptant, au cours de
84 fr. . . . . 84,000 fr.
et en même temps je rachète

10..

Report. . . . . 84,000 fr.

3,000 fr. de rente fin du mois
prochain, au cours de 84 fr.
35 cent. (1). 84,350

Différence. . . . . 350 fr.

Ainsi, pour une somme de 350 francs,
et avec une inscription de 3,000 francs,
je me serai procuré 84,000 francs d'ici à
la fin du mois prochain. En évaluant l'intérêt que me coûte cet argent, d'après la
règle indiquée page 214, je trouve juste
cinq pour cent l'an d'intérêt.

Cette sorte d'opération peut s'appliquer
aux actions de la Banque, aux rentes de
Naples, aux rentes d'Espagne, et en général, à toutes sortes d'effets publics.

_____

(1) On suppose que le report du comptant à la
fin du mois prochain est de 35 centimes.

DES COULISSIERS.

On appelle *Coulissier* un agioteur qui achète fin du mois courant une quantité de rentes que souvent il n'a ni l'intention ni la faculté de payer, et qui doit en conséquence les vendre également fin du mois, ou à profit ou à perte, afin de remplir ses engagemens ; ou bien un agioteur qui a vendu une quantité de rentes qu'il n'a pas, et qu'il est obligé d'acheter avec perte ou bénéfice, pour se liquider et faire honneur à ses affaires.

Les coulissiers font entre eux les mêmes opérations que les Agens-de-change, et en outre beaucoup d'autres, telles que des primes pour recevoir (dont nous parlerons plus bas), des achats et des ventes à prime pour trois heures, quatre heures ou quatre heures et demie, dans le même jour et dans la même Bourse, ou bien pour deux jours, trois jours, quatre jours, etc. Ils vendent et achètent aussi des rentes à trois, quatre, cinq et six mois de terme, sortes d'opérations illégales qu'on ne fait point au parquet.

Les opérations faites par les coulissiers sont immenses; aussi ne laissent-elles pas souvent de contribuer au mouvement de la rente; car la plupart de ceux qui spéculent sur les fonds publics inventent ou accréditent de bonnes ou mauvaises nouvelles, pour faire monter ou baisser les fonds suivant leur intérêt respectif : de là est venu que l'on nomme *bruits de Bourse* toutes les nouvelles fausses qui s'y débitent.

Ceux qui font des affaires avec les coulissiers ne sauraient y mettre trop de prudence; car leurs opérations n'étant point permises par les lois, il en résulte que la bonne foi et le sentiment de l'honneur sont les seules garanties sur lesquelles repose l'exécution de leurs marchés : aussi vaut-il toujours mieux employer le ministère d'un

Agent-de-change, qui, revêtu d'un carac-
tère d'autorité, et honoré de la confiance
publique, offre une responsabilité morale
que l'on chercherait vainement ailleurs.
Cette responsabilité est en outre garantie
par le cautionnement (1) que l'Agent-de-
change verse à la Caisse des dépôts et consignations.

Des Primes pour recevoir.

Par *prime pour recevoir* on entend un
marché conditionnel, où l'acheteur, au
moyen d'une prime que lui paie le vendeur, est tenu de recevoir de ce dernier,
à un prix convenu et aux jour et heure indiqués, la quantité de rentes qui lui a été
vendue.

Ce marché engage l'acheteur sans engager le vendeur, qui conserve la faculté de
livrer ou non les rentes qu'il a vendues.

---

(1) Ce cautionnement est de 125,000 fr.

EXEMPLE.

Je reçois 10 centimes pour lever demain à trois heures, 3,000 fr. de rente à 82 fr.

Si demain à trois heures la rente est au-dessus de 82 fr., il est évident que le vendeur m'abandonnera la prime qu'il m'a payée, car il serait contraire à ses intérêts de me livrer à 82 fr. de la rente qui, au moment de la réponse de la prime, serait à un prix supérieur.

Mais si à trois heures, au contraire, la rente se trouve, je suppose, à 81 fr. 70 cent., le vendeur me forcera de recevoir les 3,000 fr. de rentes qu'il m'a vendues à 82 fr., parce que, pouvant racheter à 81 fr. 70 cent. les 3,000 fr. de rentes qu'il m'a vendues à 82 fr., il aura un bénéfice de 30 centimes, desquels il faut retrancher les 10 centimes de prime par lui payés ; ce qui met son bénéfice à 20 centimes sur la rente, ou 200 fr. de capital.

Cette sorte d'opération, qui est l'inverse de celle expliquée page 176, n'est pratiquée que par les coulissiers.

Considérations générales sur les causes qui peuvent produire la hausse ou la baisse.

Il est évident que les propriétaires d'inscriptions étant créanciers de l'État, la hausse et la baisse de la rente sont subordonnées aux événemens politiques, et au degré de confiance que l'on a dans le Gouvernement.

Lorsque la rente est beaucoup plus chère au comptant que fin du mois, c'est ordinairement un présage de hausse, parce que cela annonce que la rente est recherchée par ceux qui l'achètent pour la garder ; car ce qui établit réellement le cours des effets publics, ce sont plutôt les opérations au comptant que les achats et les ventes à termes, qui, se compensant la plupart, nécessitent peu de livraisons; de là il ar-

10..

rive que, quand de forts capitalistes lèvent
en liquidation une grande quantité de rentes, il s'ensuit presque toujours une hausse;
de même que, quand ils font de nombreuses livraisons, la baisse devient presque
certaine.

Le taux du report d'un mois à l'autre
peut aussi être considéré comme un signe
indicateur de hausse ou de baisse; car il
faut considérer deux choses sur la place,
l'argent et les rentes.

Le spéculateur qui n'est pas en état à
l'échéance de son marché de lever les rentes
qu'il a achetées, cherche à se faire reporter; il faut donc qu'il trouve quelqu'un
qui veuille bien lever pour lui les rentes
dont il est acheteur, et les lui revendre fin
du mois suivant, avec une différence de
prix que l'on nomme *report*, et qui est à
l'avantage de celui qui lève l'inscription.
Si l'argent est abondant, il est clair qu'il
trouvera à se faire reporter à un taux mo-
déré; mais s'il est rare, le taux sera plus

cher; ainsi le report pouvant indiquer si
l'argent est abondant ou non sur la place,
on peut en conclure que, quand le report
est bas, cela annonce une grande quantité
d'argent, et cette grande quantité d'argent
absorbe la rente et la fait monter, tandis
qu'au contraire, quand le report est élevé,
l'argent est rare; les rentes qui arrivent sur
la place, ne se trouvant plus soutenues par
les capitaux, ne peuvent que baisser.

FIN.

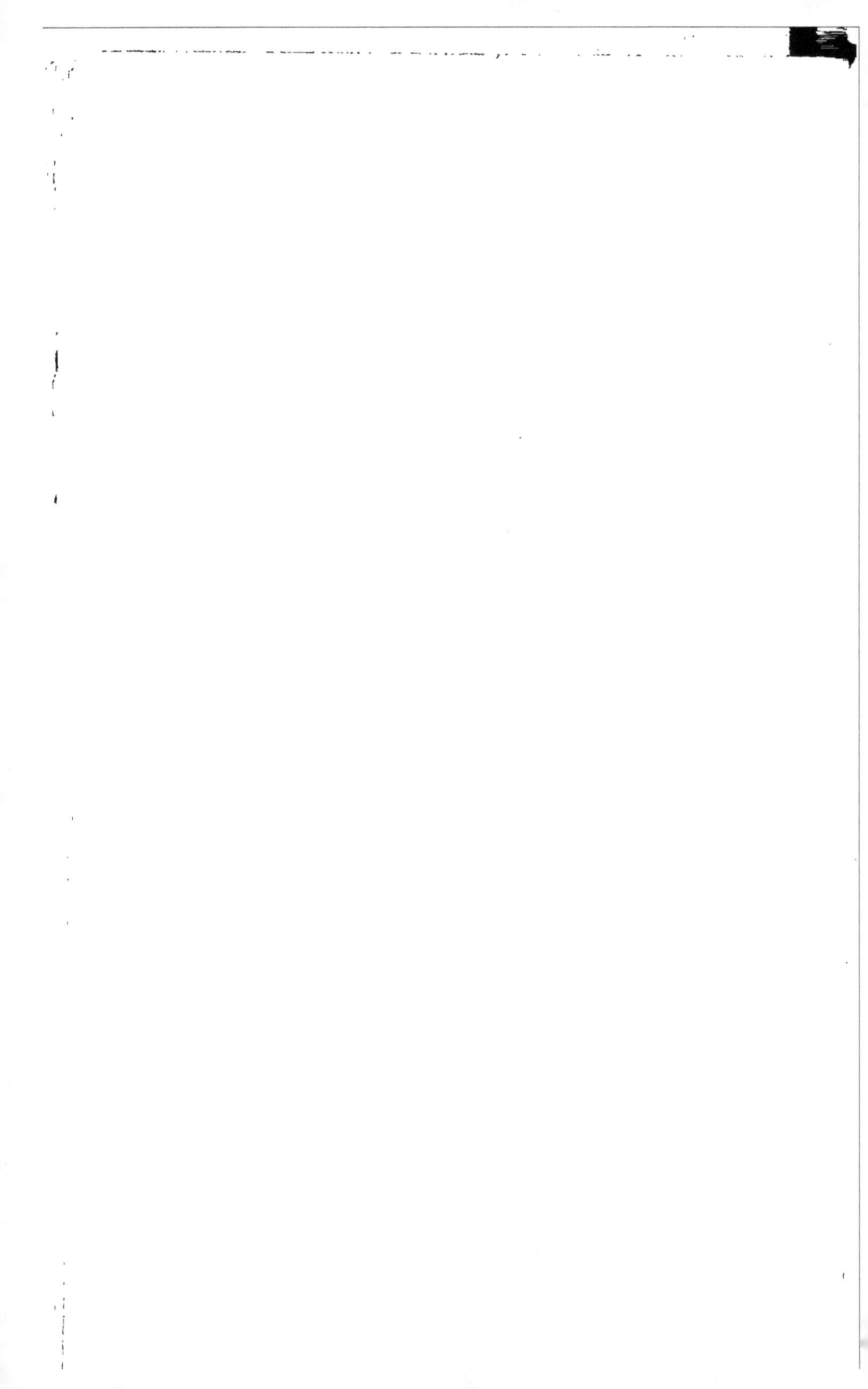

TABLE

DES MATIÈRES.

PREMIÈRE PARTIE.

FONDS PUBLICS FRANÇAIS.

(240)

(242)

(243)

10...

(244)

SECONDE PARTIE.

———◆———

FONDS PUBLICS ÉTRANGERS.

TROISIÈME PARTIE.

DES OPÉRATIONS DE LA BOURSE DE PARIS.

(249)

FIN.

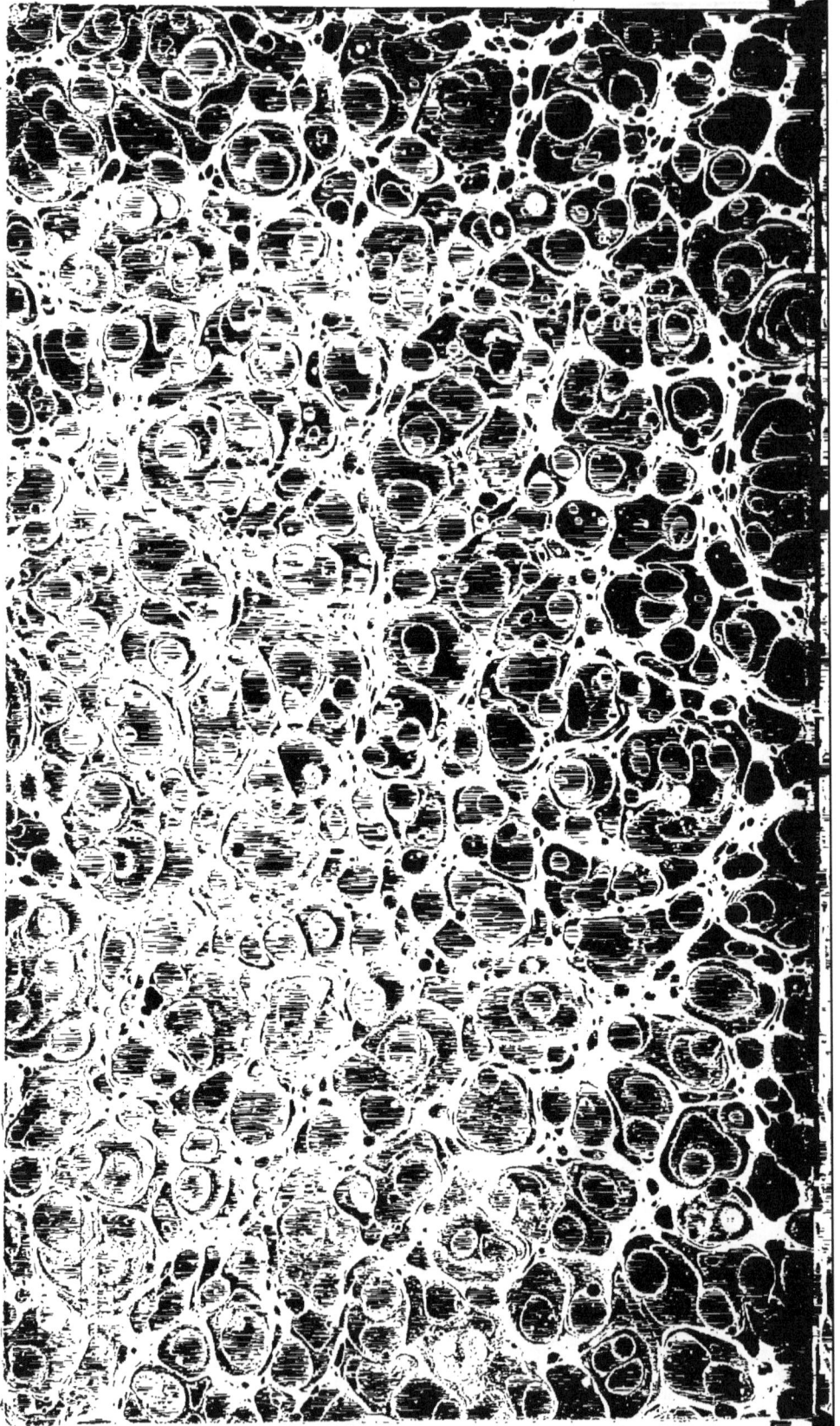